Rainer Maria Rilke, geboren am 4. Dezember 1875 in Prag, ist am 29. Dezember 1926 in Valmont (Schweiz) gestorben.

Eleonora Duse, geboren am 3. Oktober 1858 in Vigevano, ist am 21. April 1924 in Pittsburgh (Pennsylvania) gestorben.

Die Duse war für Rainer Maria Rilke bereits in seiner Jugendzeit eine aus der Ferne verehrte Idealgestalt. Ihr widmete er 1904 eine überarbeitete Fassung seines 1898 entstandenen dramatischen Gedichtes *Die weiße Fürstin. Eine Szene am Meer.* Erst im Sommer 1912 sollte es in Venedig zu einer persönlichen Begegnung zwischen beiden Künstlern kommen.

Ilsedore B. Jonas ist den Spuren nachgegangen, die sich von dieser schönen und erfolgreichen, aber auch schwierigen Frau in Rilkes Werk und in seinen Lebenszeugnissen finden lassen. Schritt für Schritt rekonstruiert sie die Versuche Rilkes, eine Begegnung mit der um 17 Jahre älteren Duse herbeizuführen, sowie die tatsächlichen wenigen, aber sehr intensiven Begegnungen, in denen sich die Wesensverwandtschaft beider, zugleich aber auch sehr konträre Persönlichkeitszüge zeigten. Schließlich geht sie Rilkes engagiertem Einsatz für die alternde Duse nach, die lange Zeit keinerlei Auftrittsmöglichkeiten mehr fand.

Dabei entsteht ein faszinierendes Bild vom Leben und von der Ausstrahlungskraft dieser über Europa hinaus legendären Schauspielerin, die Kritiker und Autoren des Jahrhundertbeginns in ihren Bann zog.

insel taschenbuch 1532
Ilsedore B. Jonas
Rilke und die Duse

»Sie trägt ein weiches, weißes Gewand. In ihren Augen ist Warten und Lauschen.« Eleonora Duse im Jahre 1897

Ilsedore B. Jonas

Rainer Maria Rilke und die Duse

Mit Rilkes »Die weiße Fürstin«
und zahlreichen Abbildungen
Insel Verlag

insel taschenbuch 1532
Erste Auflage 1993
Erstausgabe
© Insel Verlag Frankfurt am Main und Leipzig 1993
Alle Rechte vorbehalten
Vertrieb durch den Suhrkamp Taschenbuch Verlag
Umschlag nach Entwürfen von Willy Fleckhaus
Satz: Fotosatz Otto Gutfreund GmbH, Darmstadt
Druck: Nomos Verlagsgesellschaft, Baden-Baden
Printed in Germany

1 2 3 4 5 6 – 98 97 96 95 94 93

Inhalt

»Welch eine wunderbare Schauspielerin!« Anton
Tschechow über die Duse während ihres
Rußland-Gastspiels, 1891

Eleonora Duse im Urteil der Kritik

Am Nachmittag des 21. April 1924 starb die wohl bedeutendste Schauspielerin ihrer Zeit, Eleonora Duse, im 65. Lebensjahr in Pittsburgh im amerikanischen Bundesstaat Pennsylvania. Ihr Tod löste in der ganzen Welt Erschütterung aus. Man trauerte um eine Künstlerin, über die der russische Dichter Anton Tschechow (1860-1904), der sie am 16. März 1891 bei ihrem Petersburger Gastspiel bewundert hatte, an seine Schwester schrieb: »Ich habe gerade die italienische Schauspielerin Duse in Shakespeares Cleopatra gesehen. Ich verstehe kein Italienisch, aber sie hat so gut gespielt, daß es mir vorkam, als verstünde ich jedes Wort. Welch eine wunderbare Schauspielerin! Ich habe noch nie zuvor etwas Gleichartiges gesehen. Ich betrachtete die Duse, und ich fühlte Trauer, weil wir unsere Sensibilität und unseren Geschmack durch so hölzerne Aktricen wie X und andere, die ihr ähneln, erziehen lassen müssen, und das dann großartig finden, weil wir nichts Besseres gesehen haben. Als ich die Duse beobachtete, wurde mir klar, warum wir uns im russischen Theater langweilen.«[1]

Ein Jahr später schrieb Gerhart Hauptmann (1862-1946) in sein Tagebuch: »Vom 15. bis 30. November war ich in Berlin. Ich hatte, indem ich Eleonora Duse sah, den größten Schauspielerinnen-Eindruck meines Lebens.«[2]

Der Wiener Schriftsteller Hermann Bahr (1863-1934), der anläßlich des ersten Gastspiels der Duse in Österreich im Winter 1892/93 eine Einführung in ihre Kunst als Broschüre veröffentlichte, verschwieg nicht gewisse Mängel in ihrer Erscheinung, aber nur, um zu betonen, welcher Zauber dennoch von ihr ausging: »Sie ist klein, ein bißchen plump, und ihren schweren trägen Gebärden fehlt die Anmut. Ihre Augen sind groß und schön, aber wehmütig und verzagt: sie haben eine flehentliche Demut; kräftige Leidenschaft kann in ihnen nicht vermutet werden. Die Nase ist klein und stumpf, wie von einem verwundeten Pierrot. Die Wangen hängen schlaff herab, ohne einen persönlichen Zug. Die Miene ist verwischt und unentschieden, als ob viele Tränen jede Besonderheit weggespült hätten. Nur um diesen süßen, wunden Mund ist in seltsamen Strichen ein unsäglicher Gram verbreitet, der von stürmischen Begierden, von mutigen Hoffnungen und schmerzlichem Erlebnis erzählt.«[3]

Der irische Dramatiker George Bernard Shaw (1856-1950) war von der Kunst der Duse zutiefst beeindruckt. Im Jahre 1895 hatte er sie im Londoner Royal Theatre als »Césarine« in Alexandre Dumas' Drama »La femme de Claude« zum ersten Mal auf der Bühne gesehen, ein Erlebnis, das ihn zu dieser begeisterten Kritik inspirierte: »Die Eindrücke von dem Auftreten der Duse am Mittwoch im Drury Lane sind in mir noch zu frisch für eine kritische Beurteilung, da ich mich noch nicht von der emotionellen Erregung erholt habe, die sie in mir durch ihre ausgezeichnete Schauspielkunst hervorgerufen hat. Selbst in diesem wichtigsten Kunstzentrum der Welt müssen die enormen Möglichkeiten der Duse als Künstlerin ein Geheimnis zwischen ihr und einigen wenigen verständnisvollen Zuschauern bleiben. Ich möchte ohne Einschränkung sagen, daß dies die beste moderne Schauspielkunst ist, die ich je erlebt habe.«

Da auch die französische Schauspielerin Sarah Bernhardt (1844-1923) zur selben Zeit in London in der Rolle der Magda in Hermann Sudermanns Drama »Heimat« auftrat, die ebenfalls im Repertoire der Duse war, konnte Shaw nicht umhin, die Kunst beider Schauspielerinnen zu vergleichen. Während er bei der Bernhardt Schönheit, Charme und eine gewisse Oberflächlichkeit der Charakterisierung hervorhob, lobte er an der Duse ihr tiefes persönliches Engagement und die Natürlichkeit, mit der sie ihre Rolle spielte, ja geradezu in sie hineingewachsen war: »Dies war ein echtes Schauspiel und eine Schauspielerin, die den Autor verstand und im Vergleich zu ihm eine größere Künstlerin ist. Was mich anbetrifft wenigstens, so bedeutete es eine Bestätigung meines bisweilen ermattenden Glaubens, da der Theaterkritiker tatsächlich ein Diener der hohen Kunst ist und nicht nur ein Propagandist für fragwürdige Unterhaltung.«

Für Shaw war die Italienerin die weitaus bedeutendere Schauspielerin, die die Französin in den Schatten drängte: »Kein physischer Charme ist sowohl edel als auch schön, wenn er nicht zugleich der Ausdruck eines moralischen Charmes ist. Wenn ich so sagen darf, liegt es wohl an jenen hohen moralischen Nuancen, die in Duses Schauspielkunst liegen, daß ihre künstlerische Reichweite – von den Tiefen einer absolut schändlichen Kreatur wie die der Frau von Claude bis zu Marguerite Gautier als Gütigste oder Magda als Tapferste – die armselige kleine anderthalbe Oktave so unermeßlich in den Schatten stellt, auf der Sarah Bernhardt solch hübsche Liedchen und aufreizende Märsche spielt.«[4]

Der Theaterkritiker Alfred Kerr (1867-1948) bezeichnete die Duse im Jahre 1903 als »eine Fürstin, die die Menschen schöner und mitleidvoller macht, die Seelen vertieft und die Augen in Träume flicht, welche die Trauer und das verblutende Weh dieses rauschenden Daseins in Gestalten zwingt und ein Vergänglichkeitslachen zu lachen weiß.«[5]

Im selben Jahr urteilte der Wiener Dichter Hugo von Hofmannsthal (1874-1929) unter dem Eindruck ihrer schauspielerischen Ausstrahlung bei ihrem Gastspiel in seiner Heimatstadt: »Es ist eine solche Zauberkraft in dieser Frau, daß sie den Kahn, auf dem sie fährt, zum Sinken zwingt und den Fuß auf die nackten Wellen setzt und auf uns zuschreitet. Es lebt in dieser Schauspielerin eine solche Seele, daß vor der Erhabenheit ihrer Gebärden jedes Stück, in welchem sie spielt, aus seinen Fugen geht und nur mehr sie da ist, ihre Natur, die unfähig ist, sich zu verbergen, ihre großen Regungen, die in einer unerhörten Weise leibliche Form geworden sind, ihr Gehen und Stehen, die Hoheit ihres Nackens, die Magie ihrer Hände, die wundervolle tragische Maske, gewoben aus Strahlendem und Dunklem, die ihre Seele verhüllt und verrät.«

Wie viele seiner Zeitgenossen, so sah auch Hofmannsthal in der Duse eine begnadete Schauspielerin, die sich durch immer neue Wandlungen und Verwandlungen zu einem geradezu übermenschlichen, dämonischen Wesen entwickelt hatte, dadurch, »daß sie gereift ist an der Glut ihrer Schmerzen, der Schmerzen, die sie gelebt und gespielt hat. Daß sie heute größer ist als die Schicksale, die sie darstellt. Daß sie mit den tiefen, weisen Blicken ihrer Augen das Gewölk dieser Schicksale zerteilen kann.«[6]

Thomas Mann (1875-1955) dagegen setzte der Künstlerin in seiner 1929 entstandenen Erzählung »Mario und der Zauberer« ein Denkmal, indem er die sympathische Besitzerin der von ihm und seiner Familie bewohnten Pension in Torre die Venere, Signora Angiolieri, als »Gesellschafterin, Reisebegleiterin, Garderobiere, ja Freundin der Duse« einführte, der zu Ehren sie ihre Pension »Eleonora« genannt hatte. Kein Wunder, daß die deutschen Gäste mit großer Anteilnahme und Spannung ihren Berichten und Erzählungen »von der leidenden Güte, dem Herzensgenie und dem tiefen Zartsinn ihrer verewigten Herrin«[7] lauschten.

Gesichtszüge, frei von allem Pathos: Eleonora Duse
um 1900

Eleonora Duse besaß die Gabe, sich mit den von ihr dargestellten Frauengestalten ganz zu identifizieren. Die Intensität ihres mimisch so ausdrucksvollen Spiels, ihre Wandlungsfähigkeit, ihre Gesten und vor allem die Aussagekraft ihrer Hände waren berühmt. So schrieb Helene von Nostitz in ihren Erinnerungen »Aus dem alten Europa«: »Warum werde ich diese Hände nie vergessen? Hände, die immer zum Greifen des Unsichtbaren bereit waren? Und doch hatten sie gelitten, diese Hände in herber Berührung mit der Wirklichkeit. Aber abwehrende Hände waren es, in denen jeder Nerv zuckte und die Bewegungen der feinen, spitzen Finger formte.«[8]

Andere Augenzeugen wiederum zeigten sich besonders berührt von den von jeglicher Kosmetik freien Gesichtszügen, in denen sich, frei von allem Pathos, große Freude ebenso wie tiefster Schmerz aussprachen, ohne auch nur einen Anschein von Effekthascherei aufzuweisen.

Die amerikanische Schauspielerin Eva Le Gallienne (1899-1991), die die Kunst der bewunderten Tragödin während ihrer letzten Tournee durch die Vereinigten Staaten eingehend studiert und analysiert und des öfteren auch privat mit ihr verkehrt hatte, hatte ihre eigenen Gedanken zu dem Phänomen der Hände der Duse: »Viel ist über die Hände der Duse geschrieben worden: ›die Duse mit den schönen Händen‹, so wurde sie genannt. Ich aber habe beobachtet, daß, wenn Leute über die Hände eines Schauspielers sprechen, sie nicht so sehr die Hände selbst meinen, sondern, was durch sie ausgesagt wird. Die Hände der meisten großen Schauspieler wirken auf der Bühne schön – ob sie es tatsächlich sind oder nicht –, weil sie offene Kanäle sind; der Fluß des Lebens strömt durch die Fingerspitzen hinaus.

Ein großer Schauspieler ist nicht eingeengt durch die ei-

*Grazie, Kraft und Klarheit: Die Duse als Sylvia in
d'Annunzios »La Gioconda«*

gentlichen Grenzen seines Körpers. Er ist aufgeladen mit der inneren Vitalität, die über das Rampenlicht in die entferntesten Winkel des Zuschauerraums strömt; sie ist immer fühlbar, sie strahlt von ihm aus wie eine Aura. Wenn er seine Hand ausstreckt, ist es keineswegs die Hand, auf die es ankommt, sondern die Vitalität und die Richtigkeit der Absicht hinter der Geste. Das geht weit über die Hand als solche hinaus. Bei einem unterdurchschnittlichen Schauspieler endet der Strom in den Fingerspitzen, die – statt offene Kanäle zu sein – Sackgassen sind.

Als ich die Duse hinter den Kulissen sah, bemerkte ich, daß ihre Hände als solche nicht besonders schön waren, jedenfalls nicht im klassischen Sinne. Sie waren die Arbeitshände einer großen Künstlerin, fest und stark, wenn auch ziemlich klein. Sie hatten sich natürlich durch das Alter verändert; aber selbst in der Jugend konnten sie doch nie die feinen, zarten, rein dekorativen Hände einer Ästhetin gewesen sein. Sie waren enorm lebendig und so empfindsam und empfänglich, daß man das Gefühl hatte, sie könnten die Beschaffenheit eines Gegenstandes bestimmen, ohne ihn anzurühren – als ob ihre Finger Antennen besäßen, die weit über sie hinausreichten. Sie gebrauchte ihre Hände sehr viel, jedoch gestikulierte sie nie mit ihnen. Sie waren ganz einfach ein wesentlicher Teil der ›totalen Harmonie‹.«

Eva Le Gallienne sah das Einmalige in der Kunst der Duse in diesen besonderen Qualitäten: »Einfachheit, Wahrheit, Ruhe, Sparsamkeit, Grazie, Kraft, Klarheit, Kühnheit, Verständnis, Sensitivität, Disziplin; das Ganze gezügelt durch die schöpferische Kraft einer außerordentlichen Phantasie, durch die Macht eines scharfsinnigen und kraftvollen Verstandes und unterstützt durch einen Körper, der zu einem makellosen Instrument geformt war; dies war für mich Duse – die Arbeiterin.«[9]

»Eine der vollkommensten Leistungen, die ich je auf
dem Theater sah.« Max Reinhardt über die
Duse als Marguerite Gautier in Alexandre Dumas'
»Kameliendame«

Die Forderung Goethes, »Stirb und werde«, machte Eleonora Duse sich immer stärker zu eigen, indem sie bestrebt war, die eigene Persönlichkeit aufzugeben, um sich mit der dargestellten Gestalt identifizieren zu können. Sie wollte lediglich dem Kunstwerk *dienen* und sich ihm ganz unterordnen. In einem undatierten Brief nahm sie selbst Stellung zu dem Wesen ihrer Schauspielkunst, das auf einem tiefen Verständnis und Mitgefühl für das meist schwere Schicksal der von ihr verkörperten Heldinnen beruhte: »Spielen! Welch häßliches Wort! Wenn es sich nur darum handelte, zu spielen! Ich spüre, daß ich es nie verstanden habe und es nie verstehen werde, zu spielen! Die armen Wesen aus meinen Komödien sind ganz in mein Herz und in mein Bewußtsein übergegangen, und während ich mich mühe, sie dem Verständnis meiner Zuhörer so nahe zu bringen, als wollte ich sie gleichsam trösten – sind am Ende allmählich sie es, die mich trösten! Wie und warum und seit wann diese unerklärliche und unleugbare Gefühlsverwandlung zwischen mir und jenen Frauen vorgegangen ist, es wäre zu lang und auch zu schwierig, es genau zu erzählen. Tatsache ist, daß, während alle diesen Frauen mißtrauen, ich mich vortrefflich mit ihnen verstehe! Ich schaue nicht darauf, ob sie gelogen haben, gesündigt haben, ob sie verderbt auf die Welt kamen, wenn ich nur spüre, daß sie geweint haben, daß sie litten um ihre Lügen, um den Verrat oder um die Liebe. Ich stehe zu ihnen und stehe für sie ein, und nicht aus Sucht zu leiden, durchfühle ich sie so, sondern weil das Mitgefühl der Frau tiefer geht und stärker, wärmer, umfassender ist als das Mitgefühl, das Männer aufbringen.«[10]

Auch Max Reinhardt sah die Duse noch kurz vor ihrem Tode in Amerika auf der Bühne, hatte aber den stärksten Eindruck von ihrer Kunst in Wien erlebt, wo er sie wiederholt bei ihren häufigen Gastspielen bewundert hatte: »Niemals werde ich vergessen, wie ich sie zum ersten Mal sah. Das war im Karlstheater, und sie spielte die Kameliendame. Ihr Partner hieß Flavio Andò. Ich erinnere mich an eine Szene, in der beide zugleich leidenschaftlich sprechen. Das war eine der vollkommensten Leistungen, die ich je auf dem Theater sah. Beide waren völlig deutlich, und ihr Zusammensprechen war aufgelöst in glühendstes Leben... Die Duse offenbarte sich im Spiel ihres Körpers, ihrer Augen, ihrer Bewegungen, ihres Mundes. Aber in ihrer zauberhaft verschleierten Stimme war ihre Macht zu lieben und zu leiden in eine einzigartige Musik gesetzt. Ich kenne keine Gesangstimme, die mich mehr erschüttert und beglückt hätte, als wenn die Duse die zornige Anklage ihres Geliebten immer wieder mit dem heiseren, stillen, monoton hervorgestoßenen ›Armando‹ unterbrach.«[11]

*Als Vierjährige auf der Bühne: Eleonora Duse
mit ihrer Mutter*

Erste Erfolge der Duse als Schauspielerin
(1862-1884)

Die am 3. Oktober 1858 als Tochter des Schauspieler-Ehepaars Alessandro Vincenzo Duse und Angelica Cappeletto in Vigevano, einem kleinen Ort der Lombardei, geborene Eleonora Giulia Amalia Duse war bereits als Vierjährige in Chioggia in der Rolle der Cosette in Victor Hugos Drama »Les Misérables« aufgetreten. Sie galt als eine Art Wunderkind, dessen außergewöhnliche Begabung schon früh zu Tage getreten war. Und doch fiel es dem Kind schwer, vor fremden Menschen Gedanken und Gefühle darstellen zu müssen.

Als die Mutter 1870 schwer erkrankte, mußte die zwölfjährige Tochter sie auf der Bühne vertreten und Rollen übernehmen, für die sie im Grunde viel zu jung und unerfahren war. Im Jahre 1873 erlebte die fünfzehnjährige Eleonora in der Arena von Verona als Julia in Shakespeares Drama »Romeo und Julia« ihren ersten Erfolg. Wie sie viele Jahre später dem Dichter Gabriele d'Annunzio (1863-1938) berichtete, hatte sie den Entschluß gefaßt, vor der Aufführung einen großen Strauß Rosen zu kaufen, die ihr als Requisiten dienen sollten. So ließ sie eine Rose zu Romeos Füßen fallen, eine andere entblätterte sie auf ihrem Balkon, und am Ende der Tragödie schmückte sie den Leichnam des Geliebten mit Blüten. Niemand hatte dem jungen Mädchen zu diesen Möglichkeiten geraten, instinktiv hatte sie deren Wirksamkeit erahnt. Darüber hinaus aber gelang es ihr schon in dieser frühen Zeit, sich in das Wesen der jugendlichen Heldin so einzuleben, daß sie ihr tragisches Schicksal überzeugend nachvollziehen konnte. Die Intensität ihrer

»Ich habe gespielt, ohne meiner selbst eigentlich
bewußt zu sein.«

Die Duse im Alter von 17 Jahren

Ausdruckskraft stellte etwas ganz Neues für das italienische Publikum jener Zeit dar.[12]

Der Tod ihrer Mutter im Jahr 1875 bedeutete für die junge Eleonora nicht nur einen schmerzlichen Verlust, sondern auch erhöhte Verpflichtungen. Im Juli 1879 trat sie in Neapel als Thérèse Raquin in einem dem gleichnamigen Roman Emile Zolas nachgedichteten Stück auf und erntete zum ersten Mal begeisterte Kritiken in der italienischen Presse. Nun war ihr der Durchbruch gelungen, und sie war auf dem Wege, ein Star zu werden. In den folgenden Jahren konnte sie ihr Repertoire immer weiter ausbauen und im Januar 1884 dem neuen Drama des sizilianischen Schriftstellers Giovanni Verga, »Cavalleria rusticana«, zu einem durchschlagenden Erfolg verhelfen. Beglückt schrieb sie einem Freund: »Zwar ist die Furcht groß gewesen, doch der Erfolg umso tröstlicher. Es ist überstanden, und jetzt fühle ich mich gereifter [...] Ich habe gespielt, ohne meiner selbst eigentlich bewußt zu sein – mit einer seltsamen, unbegreifbaren, unfaßbaren Vision – einer weißen, stillen, hohen, trostreichen Gestalt – mit der Vision der Kunst.«[13]

Die Duse und Gabriele d'Annunzio
(1895-1904)

Das Leben der Schauspielerin Eleonora Duse, das vielen Außenstehenden als glanzvoll und beneidenswert erschien, war in Wirklichkeit alles andere als unproblematisch. Das von ihrer Mutter ererbte Lungenleiden zwang sie schon in jungen Jahren mehr als einmal, ihre Arbeit auf Wochen und Monate zu unterbrechen. Aber auch in ihrem Privatleben fehlte es nicht an Enttäuschungen, trotz aller beruflichen Erfolge, die ihr zuteil wurden. Eine stürmische Liebe band sie im Alter von 21 Jahren eine Zeitlang an einen wesentlich älteren Mann, den italienischen Journalisten Martino Cafiero, der sie jedoch verließ, als sie ein Kind von ihm erwartete. Schon bald nach der Geburt Anfang 1880 aber starb der kleine Sohn, und die verzweifelte junge Frau fand eine Stütze bei einem Schauspielerkollegen, dem aus adeliger Familie stammenden Tebaldo Marchetti, bekannt unter dem Künstlernamen Checchi. Doch die im September 1881 geschlossene Ehe, der im Januar 1882 die Tochter Enrichetta entstammte, wurde nicht glücklich, und bereits vier Jahre später trennten sich ihre Wege. Verschiedene Freundschaften zu künstlerisch und intellektuell bedeutenden Männern, wie dem Kritiker Giuseppe Primoli und dem Dramatiker und Komponisten Arrigo Boito, vermittelten der Duse geistige Anregung und förderten sie in ihrer künstlerischen Entwicklung, ohne ihr jedoch auf die Dauer Glück zu bringen.

Die für die Duse wohl einschneidendste Begegnung aber war die mit dem fünf Jahre jüngeren Gabriele d'Annunzio, den sie – nach verschiedenen früheren Begegnungen – im

25

Auf dem Weg, ein Star zu werden: Die Duse als Odette, um 1880

Beginn der internationalen Karriere. Eleonora Duse
in Rußland, 1891

*Dieses Foto der Duse stand auf dem Schreibtisch
von d'Annunzio*

Gabriele d'Annunzio, von der Duse fotografiert

September 1895 in Venedig wiedersah. Für beide begann eine leidenschaftliche Liebesbeziehung, die zugleich auch eine intensive künstlerische Zusammenarbeit zur Folge hatte.

Die Duse, deren Repertoire sich bis zu dieser Zeit in erster Linie auf Komödien von Georges Feydeau und Alexandre Dumas beschränkt hatte, hoffte, durch neue, anspruchsvollere italienische Stücke interessantere schauspielerische Möglichkeiten zu gewinnen. Sie war überzeugt, in dem jungen Dichter Gabriele d'Annunzio den geeigneten Autor gefunden zu haben. Der bisher nur durch seine Lyrik und Romane erfolgreiche Dichter war bis zu dieser Zeit nicht als Dramatiker hervorgetreten. Inspiriert durch die Duse, versuchte er sich nun auf diesem für ihn neuen Gebiet, aber nur die Tatsache, daß sie die Heldinnen seiner Stücke auf der Bühne verkörperte, ermöglichte es ihm, sich – wenigstens bis zu einem gewissen Grade – auch mit seinen Dramen durchzusetzen. Es gelang der Duse, seinen handlungsarmen, wenig bühnenwirksamen Stücken wie »La Città morta« (Die tote Stadt, 1896), »Il Sogno d'un mattino di primavera« (Der Traum eines Frühlingsmorgens, 1897) und »La Gioconda« (1899) in Italien ebenso wie im Ausland durch ihr intensives Spiel einen wenn auch nur geringen Publikumserfolg zu verschaffen. Auch war sie zu jedem finanziellen Opfer bereit und übernahm persönlich die hohen Kosten der anspruchsvoll ausgestatteten Inszenierungen.

Die Duse war überzeugt, daß sie, gemeinsam mit d'Annunzio, eine Erneuerung des italienischen Theaters erreichen könnte. Beide planten, nach dem Vorbild von Richard Wagners Bayreuther Festspielhaus und seiner Idee des Gesamtkunstwerks, die Schaffung eines Festspielhauses in der Nähe von Rom, auf dessen Spielplan lediglich d'Annunzios

Dramen mit den von der Duse verkörperten Heldinnen stehen sollten. Doch diese Hoffnung erfüllte sich nicht.

Mit dem Erscheinen von d'Annunzios Schlüsselroman »Il Fuoco« (Feuer, 1900) entstanden die ersten Spannungen zwischen den beiden Künstlern. In schonungsloser Offenheit hatte der Dichter in der Hauptgestalt seines Werkes eine alternde, neurotische Schauspielerin geschildert, die in gewissen Charakterzügen der Duse ähnelte. Er nannte sie Foscarina (die Düstere), bisweilen auch Perdita (die Verlorene) und porträtierte sich selbst in der Gestalt des schönheits- und tatendurstigen Dichters und Komponisten Stelio Effreno, der in einem Dreiecksverhältnis zwischen der gefeierten, ihm leidenschaftlich ergebenen Schauspielerin und der schönen, jungen Sängerin Donatella Arvale steht. Da der Leser sofort die Parallelen zu d'Annunzios Liebesbeziehung zu der Duse erkannte, die der Dichter auf so taktlose, ja geradezu grausame Weise dargestellt hatte, konnte ein Skandal nicht ausbleiben.

Obgleich die Duse anfänglich keine Einwände gegen die Veröffentlichung des Romans geäußert hatte, war sie doch tief gekränkt, wie aus einem Brief an einen Freund hervorgeht, dem sie ein Jahr später (1901) schrieb: »Ich dachte, ich allein würde mich kennen, ich dachte es. Er hat mich so bloßgestellt, daß ich mich nackt fühle. Sein grausames Genie hat mich neu geschöpft. Er hat mich vorgeführt wie ein Tier auf dem Markt [...] Niemandem war es gelungen, die Linien meines fließenden Schattens nachzuzeichnen. Ach! Man kann es nie wiedergutmachen, nie die ›Rolle‹ verlassen, die er mir zugewiesen hat.«[14]

Erst vier Jahre später kam es zu dem für die Duse schmerzlichen Ende der Beziehung zu d'Annunzio, die jedoch viele Jahre später, nach dem Ersten Weltkrieg, auf Drängen des Dichters wiederaufgenommen wurde.

Die Duse, von d'Annunzio fotografiert

*Eleonora Duse in den Jahren ihrer Freundschaft
mit d'Annunzio, um 1895*

Dem dramatischen Werk d'Annunzios dienen:
»In einem grenzenlosen Wunsch nach der
Unermeßlichkeit des Lebens.«

*Zwei Szenenfotos mit der Duse als Anna in
der Tragödie »Città morta«, 1898*

Mit dem Namen der Duse winkt der Erfolg:
Theaterzettel eines Gastspiels in München, 1903

In dieser seelischen Leidenszeit erwog die Duse mehr als einmal ernstlich ihren Abschied von der Bühne, ein Plan, den sie jedoch erst 1909, im Alter von 51 Jahren, nach einer umjubelten Aufführung von Ibsens Drama »Die Frau vom Meer« in Berlin, in die Tat umsetzte.

Ein Jahr zuvor hatte ihre Tochter Enrichetta den in Cambridge lehrenden englischen Mathematiker Edward Bullough geheiratet und sich für immer in England niedergelassen. Bis dahin war das Verhältnis zwischen Mutter und Tochter besonders harmonisch gewesen. Die Duse fühlte sich mit der in verschiedenen Internaten erzogenen einzigen Tochter eng verbunden, hatte ihr fast täglich geschrieben oder telegrafiert, doch von nun an verlor das Verhältnis zwischen beiden an Intensität.

In den folgenden Jahren war die Duse bemüht, als Ersatz für die einstigen Bühnenerfolge einen neuen Lebensinhalt zu finden. Immer größer wurde für sie die Bedeutung der Religion. Sie begann, die Werke der heiligen Katharina von Siena, die Briefe des Apostels Paulus und vor allem Dante zu lesen. Auch gründete sie ein Heim für Schauspielerinnen, um ihnen »die Ruhe und Wohltat eines schönen Hauses voller Bücher und Sonne« zu verschaffen, den »Trost eines würdigeren und weniger qualvollen Lebens.«[15] Doch alle diese Bemühungen konnten der einst gefeierten Künstlerin die Triumphe nicht ersetzen, die ihr so lange Jahre auf der Bühne zuteil geworden waren.

Den glanzvollen Rahmen hat sie selbst finanziert.

Eleonora Duse als Francesca da Rimini
in d'Annunzios Schauspiel

Voller Bewunderung für die Duse: Rainer Maria Rilke um 1900

»Die weiße Fürstin«
(1898)

Für den um siebzehn Jahre jüngeren Rainer Maria Rilke war die Persönlichkeit der Duse bereits in seiner Jugend eine aus der Ferne verehrte Idealgestalt, die ihn als Dreiundzwanzigjährigen zu dem dramatischen Gedicht »Die weiße Fürstin. Eine Szene am Meer« inspiriert hatte.[16] Dieses Ende 1898 entstandene, ein halbes Jahr später an die Münchner Zeitschrift PAN[17] eingesandte Jugendwerk erschien erstmals im Juli 1900. Die der Duse vier Jahre später gewidmete überarbeitete und erweiterte endgültige Fassung wurde zum ersten Mal 1909 auf Rilkes ausdrücklichen Wunsch in dem Band »Frühe Gedichte« veröffentlicht. Zur Begründung schrieb er am 15. Januar 1909 seinem Verleger Anton Kippenberg: »[...] zumal diese Arbeit keine dramatischen Ansprüche machen kann und so unter anderen Gedichten verwandter Art am natürlichsten untergebracht wäre«.[18]

Während eines Ferienaufenthaltes in Viareggio trug Rilke am 22. Mai 1898 folgendes, für die Konzeption seines Versdramas wichtige Erlebnis in sein Tagebuch ein: »Der Garten vor mir war einer scheuen und ängstlichen Sonne voll, und darüber hinaus über Düne und Meer waren erwartungsvolle Schatten eines breiten Gewölkes. Durch ein Kiesknirschen aufmerksam geworden, blick ich hinab und gewahre in der Mittelallee des Gartens einen Bruder von der Schwarzen Bruderschaft des Letzten Erbarmens in seinem schwarzen, glatten Faltenkleid und der schwarzen Gesichtsmaske, welche nur kleine Augenlöcher gestattet. Wie er so harrend im Garten stand [...], war er wie der Schatten irgendeines zweiten, der riesig und unsichtbar sich neben ihm auftürmen mußte. Oder war er wie der Tod selbst […] Der Frate, welcher für seinen demütigen Zweck sammeln gekommen war, wurde nicht bemerkt und klirrte mit seinem Münzkasten […]. Er erhielt von einem Knaben eine Spende […]. Dann ging er, immer noch zögernd, und stand mitten in der Allee still. Ich fühlte unten auf den Treppen ein weißes junges Mädchen stehen, das vor diesem Sommerglanz zögerte und nicht Abschied nehmen konnte von der hellen Herrlichkeit. Und endlich schickte sie bang dem ernsten, verhüllten Diener, den sie selber herbefahl, durch den Knaben ihr kleines Herz; das soll sagen: ›Ich habe mich geirrt, nimm das und geh voraus. Ich kann noch nicht. Ich bin wirklich müd, wirklich. Lieben kann ich nicht mehr, nimm es. Aber laß mich noch schauen… Und da geht er, geht ungern und ungläubig […]. Dann verlor ich die Vision; aber ich dachte: er zögerte wirklich lang. Wenn ich da oben auf meinem weit sichtbaren Balkon, vertieft, irgendeine unwillkürliche Bewegung gemacht hätte, er hätte sie gewiß für einen Ruf angesehen und wäre wiedergekommen.«[19]

Die Stimmung dieser Szene, die Rilke beobachtete und dann in eine Vision umgestaltete, entspricht deutlich der Atmosphäre des Einakters, den er nach seiner Rückkehr aus Italien in Berlin niederschrieb. Ähnlich wie Rilke sich in die beobachteten Gestalten und ihre Gefühle hineindachte, muß auch der Leser seines Stückes versuchen, durch seine Phantasie die zwischenmenschlichen Probleme nachzuempfinden. Vieles im Stück bleibt unausgesprochen, immer wieder treten im Dialog Pausen ein, und am Ende des Werkes wird die Handlung nur noch durch Gebärden angedeutet. Wie in vielen späteren Werken des Dichters steht auch hier das Todesmotiv im Vordergrund ebenso wie das der Liebe, in deren Intensität nach Rilkes Ansicht Frauen den Männern weit überlegen sind.[20]

Rainer Maria Rilke
Die weisse Fürstin
Eine Szene am Meer
(Zweite Fassung)

Die Hinterbühne:

Eine fürstliche Villa (gegen Ende des XVI. Jahrhunderts). Auf offener Loggia von fünf Bogen ein einfaches, geschlossenes Pilastergeschoß. Davor eine von Statuen eingefaßte Terrasse, von der sich eine Treppe mit breiten Stufen nach dem Garten niederläßt. Im Hintergrunde, hinter der Villa: der Park.

Die Mittelbühne:

Der Garten; Lorbeerbüsche, Maulbeerbäume und in der Mitte, auf die Treppe zu, eine Platanen-Allee. Vorn links: eine Steinbank mit Kissen und die Bildsäule einer vielbrüstigen Göttin.

Die Vorderbühne:

Steiniger Strand (mit Landungssteg) und das Meer, welches von der Seite des Zuschauers her gegen die Szene wogt, in gleichmäßig landender Bewegung. – Die Villa spiegelt den Himmel und die Weite des Meeres.

Figuren:

Die weiße Fürstin. Ihre Schwester Monna Lara. Der Haushofmeister Amadeo. Zwei Mönche in schwarzer Maske. Ein Bote.

DIE WEISSE FÜRSTIN *sie lehnt vorn auf der Steinbank. Sie trägt ein weiches, weißes Gewand. In ihren Augen ist Warten und Lauschen. Pause.*

AMADEO, DER ALTE *in schwarzer Haustracht, ernst. Er neigt sich tief.*

  Der Fürst ist fort.

DIE WEISSE FÜRSTIN *senkt leise die Stirne.*

  Pause.

AMADEO, DER ALTE

  Und was gebietet Ihr?

  Pause.

DIE WEISSE FÜRSTIN

in Gedanken

Es ist zum erstenmal, daß uns der Fürst verläßt, nicht wahr?

AMADEO, DER ALTE

Zum erstenmal seit Eurem Hochzeitsfest.

DIE WEISSE FÜRSTIN

Und das ist lange.

AMADEO, DER ALTE

Es ist das elfte Jahr seit wir das Tor geschmückt
Euch zum Empfange
Pause.

DIE WEISSE FÜRSTIN

Man muß nicht denken, daß das viele sind.
Ich war ein Kind.

AMADEO, DER ALTE

Ich kann mich noch entsinnen;
der Kranz schien viel zu früh für Euer Haupt –
Er zögert ängstlich
aber aus Kindern werden Königinnen…

DIE WEISSE FÜRSTIN

Ja, wenn man ihnen alle Rosen raubt
und alle Mythen
und mit den reifenden Orangenblüten
die Stirn umlaubt,
bis sie die Schatten glaubt, die kalt
vom frühen Brautkranz auf sie niederrinnen:
dann werden aus den Kindern – Königinnen.
Pause.
Sie erhebt sich, lebhafter
Der Fürst nahm viele Diener in den Wald?
rasch
Send alle fort, mach mir die Säle leer,

46

daß keiner mir begegne in den Gängen;
denn mir soll sein, als käm ich heute her
zu singen und die Säulen zu umwinden
mit Fruchtgehängen
dichtgefügt und schwer.

AMADEO, DER ALTE

Befehlt, ich werde einen Vorwand finden
und das Gesinde in die Winde streun;
ich aber darf wohl Euern Tag betreun?

DIE WEISSE FÜRSTIN

Nein. Geh auch du. Mir ist, du wolltest längst
nach Pietrasanta, deine Enkel sehn.
Heut solls geschehn.

AMADEO, DER ALTE

Ihr wißt so gütig meiner zu gedenken…

DIE WEISSE FÜRSTIN

Ich bin nicht gut. Ich kann dich nur beschenken,
weil du mit gleicher Freiheit mich beschenkst
Und weil du so an Monna Lara hängst,
so nimm sie mit zu deinen klugen Kleinen.

AMADEO, DER ALTE

Das ist ein Goldenes, das Ihr mir gönnt.

DIE WEISSE FÜRSTIN

Und dann vergeßt nicht: Seide nehmt und Leinen
aus meinen Schränken
mit, so viel Ihr könnt.

AMADEO, DER ALTE

Ihr macht uns reich.

DIE WEISSE FÜRSTIN

Könnt ich Euch sorglos machen!
Wer hat denn Zeit – das Leben ist so viel –,
an Not zu denken, an die kleinen Sachen,
da doch in uns die großen Dinge wachen.

Man soll nicht weinen und man soll nicht lachen;
hingleiten soll man wie ein sanfter Nachen
und horchen auf des eignen Kieles Spiel.
Pause.
Verzeiht, ich rede aus Gedanken. Seht,
die sind in mir so seltsam aufgeschichtet,
so Jahr um Jahr. Wie einer, welcher dichtet,
und einer, der sehr alt ist, das und das
in seinem Innern findet. – Aber geht,
und wenn Ihr wiederkommt, erzählt mir was,
woran ein Kind sich freuen kann. Es steht
Euch Freudiges bevor. Vielleicht auch mir.
Wir wollen aneinander denken.

AMADEO, DER ALTE *verneigt sich tief.*
Er geht durch die Platanen-Allee auf das Haus zu und quer über die
Terrasse.
Pause.

DIE WEISSE FÜRSTIN *tritt ganz an den Rand der Küste. In ihren*
Augen ist das Meer. Sie hebt langsam die Arme und hält sie eine Wei-
le weit ausgebreitet.
Pause.

MONNA LARA *kommt von der Terrasse her.*
Sie trägt ein hängendes Kleid aus verblichenem Blau.
Leise legt sie den Arm um die Fürstin.
Sie schauen beide aufs Meer.
Pause.

MONNA LARA *leise*
Laß mich bei dir.
Pause.

DIE WEISSE FÜRSTIN
Du liebst doch Kinder, nicht?

MONNA LARA
Ich liebe dich.

Kleine Pause.

DIE WEISSE FÜRSTIN

  Du weißt nicht, wer ich bin.

MONNA LARA *wendet das Haupt und sieht der Schwester ins Gesicht.*

DIE WEISSE FÜRSTIN

  Du Kind…

MONNA LARA

  Ob wir im Traum
  nicht manchmal älter sind?
  Da sah ich dich. Da warst du wie ein Baum.
  Du standest einsam und so jung von Grün
  und warst von einem Abend angeglüht.
  Und ich ging hin und kam ganz nah
  und sah und sagte laut: Du hast noch nicht geblüht.
  Und fragte dich: Wann wirst du blühn?

DIE WEISSE FÜRSTIN *nimmt ihre beiden Hände. Leise*

  Nun stell dir vor, der Traum ist nicht vorbei.
  Sei tief im Traum, du Schlafende. Es sei
  dein Traum und meiner. Hast du oft geträumt,
  so weißt du auch, wie unberechenbar
  der Traum uns trägt. Er wendet sich, er bäumt
  sich auf und er ist voll Gefahr.
  Er rennt und jagt, dann wieder steht er still
  und will nicht weiter; und er zittert so
  wie Pferde zittern, wenn von irgendwo
  genau derselbe Reiter noch einmal
  entgegenkommt, genau dasselbe Tier,
  derselbe Herr darauf, verzerrt und fahl –.
  So, nicht wahr, ohne Absehn träumen wir.
  Du weißt, im Traume kann so vielerlei
  geschehn. Und es kann so verwandelt sein.
  Wie eine Blume lautlos schläfst du ein,
  und du erwachst vielleicht in einem Schrei…

MONNA LARA

Doch Traum ist Traum. Das kommt und das vergeht.
Und wenn es Morgen ist, so glänzt das Haus
und alle Träume sehen anders aus...

DIE WEISSE FÜRSTIN

Und sind doch ewig in uns eingewebt.
Bedenk, ist irgend Leben *mehr* erlebt
als deiner Träume Bilder? Und mehr dein?
Du schläfst, allein. Die Türe ist verriegelt.
Nichts kann geschehn. Und doch, von dir gespiegelt,
hängt eine fremde Welt in dich hinein.
Pause.
So lag ich oft. Und draußen war ein Wandern,
da nahte, da entfernte sich ein Schritt;
mir aber wars der Herzschlag eines andern,
der draußen schlug und den ich drinnen litt.
Ich litt ihn, wie ein Tier den Tod erleidet,
ich konnte keinem sagen, was mir war.
Aber am Morgen kämmten sie mein Haar,
und immer wieder ward ich angekleidet
für einen Tag –; mir schien es für ein Jahr.
Mir war, als ob das ganze Leben stände,
solang ich wachte; alles was geschah
fiel mir vorbei den Träumen in die Hände –
jetzt aber weiß ich: es ist dennoch da.
Die Welt ist groß, doch in uns wird sie tief
wie Meeresgrund. Es hat fast nichts zu sagen,
ob einer wachte oder schlief, –
er hat sein ganzes Leben *doch* getragen,
sein Leid wird dennoch *sein*, und es verlief
sein Glück sich nicht. Tief unter schwerer Ruh
geschieht Notwendiges in halbem Lichte,

und endlich kommt, mit strahlendem Gesichte,
sein Schicksal dennoch auf ihn zu.

MONNA LARA

Ich weiß nicht, Schwester, was du sagst. Ich seh
dich nur. Es tut mir alles weh
von dir. Du bist so schwer.
Und doch will ich mehr von dir wissen.
Ich will eine Nacht auf deinem Kissen
schlafen. Ich will am Morgen dein warmes
Haar kämmen – drei Stunden – solang meines Armes
Kraft ist. Ich will dir dienen.

DIE WEISSE FÜRSTIN

Du bist mir nie so erwachsen erschienen.

MONNA LARA

Ich will mit dir weinen –

DIE WEISSE FÜRSTIN

Ich weine nicht. Ich denke an Einen.

MONNA LARA

Denkst du ihn klar?
Ich möchte so gerne an einen denken,
aber ich kann mich in keinen versenken;
jeder zerfließt mir so sonderbar.

DIE WEISSE FÜRSTIN

Ich fühle ihn klarer Jahr um Jahr.
Er hat dich einmal an der Hand gehalten,
(da warst du klein).
Dir war er Gestalt unter großen Gestalten,
mir war er nicht mein.
Aber in einer Nacht, in der einen,
da ich lange und ungestillt
weinte, da bildete sich sein Bild
aus meinen Händen unter dem Weinen.
Und seither wuchs es in mir heran

wie Knaben wachsen;
und ist ein Mann.

MONNA LARA

Das kann also sein: daß man tief vergißt,
um tief zu gedenken…

DIE WEISSE FÜRSTIN

Wir sind des Falles
entfernter Dinge dämmernder Schacht –

MONNA LARA

Und meine Tage? Und Nacht um Nacht?
Und ich soll warten? – Gott, wie ist alles
lange und langsam, was Leben ist.

DIE WEISSE FÜRSTIN

Du liebe kleine Schwester, sei nicht bange;
bedenke, das ist alles unser Traum;
da kann das Kurze lang sein, und das Lange
ist ohne Ende. Und die Zeit ist Raum.

*Sie nimmt Monna Laras Haupt in ihre beiden Hände und küßt ihre
Stirne mit langer milder Zärtlichkeit. Amadeo, der Alte, der seit einer
Weile in der Allee gestanden hat, kommt vorsichtig näher, er verneigt
sich.*

AMADEO, DER ALTE

Frau Fürstin –

DIE WEISSE FÜRSTIN

Seid Ihr noch nicht fort?

AMADEO, DER ALTE

Verzeiht.
Zum Aufbruch waren wir bereit,
da kam ein Bote in verstaubtem Kleid
mit einem Brief; jetzt wartet er im Saal.

DIE WEISSE FÜRSTIN

Ich will ihn sehn.

AMADEO, DER ALTE *verneigt sich.*

DIE WEISSE FÜRSTIN
    Und Monna Lara wird ein andres Mal
    zu Euren blonden Enkeln Euch begleiten.
MONNA LARA *zu Amadeo*
    Wir wollen einmal früh hinüberreiten
    an einem Sommermorgen, Ihr und ich;
    mein alter Freund, heut grüß ich sie vom weiten,
    ich bin zu traurig und zu feierlich…
AMADEO, DER ALTE *verneigt sich tief. Geht in das Haus.*
MONNA LARA *nachdenklich lächelnd*
    Zu feierlich für Kinder. Und doch Kind.
    Nicht wahr? Was sonst. Etwas verwandelt sich,
    etwas fällt ab von mir. Doch es beginnt
    noch nicht das Nächste. Meine Hände sind
    Zugvögel, die zum erstenmal das Meer
    hinüberfliegen; da ist keine Stelle.
    Und sie versuchen, die und jene Welle
    zu merken für den Weg der Wiederkehr –
DIE WEISSE FÜRSTIN *nimmt ihre beiden Hände und betrachtet sie*
    Sie scheinen sich allein; doch fliegen Schwärme
    desselben Weges zu den heißen Hügeln;
    der Himmel liegt auf Millionen Flügeln.
    Und alle kommen in die große Wärme.
    Indessen ist der Bote schnellen Schrittes in der Allee näher gekommen;
    da Monna Lara ihn gewahrt, macht sie sich frei und sieht ihm ent-
    gegen. Plötzlich, wie in Angst
MONNA LARA
    Soll ich hineingehn? Bist du gern allein?
DIE WEISSE FÜRSTIN
    Nein. Wenn du gehst, so gehst du nur zum Schein.
    Denn was bedeutet es, geht Baum nach Baum
    an dir vorbei. Das, was du bist, das rührt sich kaum.
    Du bist nicht fort, und ich bin nicht allein.

Der Bote geht auf die Fürstin zu und reicht ihr einen Brief.
Er geht hierauf bis an den Anfang der Allee zurück.
Die Fürstin öffnet ihn und reicht ihn, ohne zu lesen, Monna Lara;
sie lächelt.

DIE WEISSE FÜRSTIN

Ich weiß die Botschaft. Lange. Aber lies.

MONNA LARA

sie liest aufmerksam, fast angestrengt

Und wenn du winkest… Was bedeutet dies?

DIE WEISSE FÜRSTIN

Daß ich allein bin. Daß ich hier gebiete.
Daß seine Barke landen kann am Strand.
Und daß ich einen, welcher uns verriete,
erwürgen würde: hier, mit dieser Hand.

MONNA LARA *staunend*

So soll er kommen, heute, her? Am Parke
hier wird er landen, wirklich, wie ein Gast?

DIE WEISSE FÜRSTIN

Hast du das nicht gewußt?

MONNA LARA

Es war mir fast,
als ginge heute etwas auf uns zu.
Mit plötzlicher Bewunderung
Du Liebliche, du Wundersame, Starke.

DIE WEISSE FÜRSTIN *in Gedanken*

Er schickt noch einen Brief, das große Kind,
Er muß noch schreiben, dieser liebe Knabe:
›Schau her, ich komme‹… Ist mein Blut denn blind?
Und *noch* ein Bote. Hundert Boten habe
ich heute schon empfangen. Duft und Wind,
Gesang und Stille, fernes Wagenrollen,
ein Vogelruf, und du, dein Bleibenwollen –
was war nicht Bote? Wieviel Boten stehn

vor meinem Herzen, – gehn mir im Gehöre
und drängen sich in meinen Adern – ach!
Und er besorgt noch, daß ich ihn verlöre.

MONNA LARA

Ich kann verstehen, daß er tausendfach
sich sichern will. Wenn etwas noch geschähe,
wenn ein Geschick sich wendete und drohte, –
o welche Angst ist diese große Nähe
von Kommendem…

DIE WEISSE FÜRSTIN

Der Bote.
Er wartet noch, und wir vergessen ihn.
Sie winkt. Der Bote tritt herzu und verneigt sich.
Ihr sollt Euch stärken, Freund. Die Sonne schien
auf Euren Brief. Der Weg war weit und heiß.
Ihr seid aus Lucca?

DER BOTE

Wie Ihr sagt.

DIE WEISSE FÜRSTIN

Ich weiß.
Wie steht es in der Stadt?

DER BOTE

Erlauchte Frau,
grau ist die Stadt. Wie dieser Staub so grau.
Sie steht, als stünde Frohes nicht bevor.
Sie war ganz ohne Stimme, nur am Tor,
da rauften sich die Wachen, da ich ging,
und schrien mich an und fielen nach mir aus.
Ich dankte Gott, daß ich mich nicht verfing
in dieses Lauen. Heil kam ich heraus.

DIE WEISSE FÜRSTIN *läßt sich vorn auf der Bank nieder; während
des Folgenden hört sie immer weniger auf die Worte des Boten und
versinkt in sich selbst, mit weiten Augen hinausschauend aufs Meer*

Und wandertet, vermut ich, voller Mut
und heil des Weges? War der Weg denn gut?

DER BOTE

Der Weg war gut, erlauchte Frau. Er bot
zwar wenig Schatten. Aber das war besser
als durch die Dörfer kommen. Wie durch Messer
so ging man durch den Aufschrei ihrer Not.
Da ist der Tod, erlauchte Frau, der Tod.
Ich sah ein Haus, in seiner Türe schrie
ein schwangres Weib und riß sich an den Haaren.
Und viele Frauen, die nicht schwanger waren –
das macht die Angst, so denk ich – schrien wie sie.
Und da und dort ging einer mir vorbei
und griff auf einmal so ins Ungewisse
und biß die Luft, und plötzlich durch die Bisse
des blauen Mundes drängte sich ein Schrei.
Ein Schrei, das sagt man so, wer läßt sich stören?
Ich habe viele Männer schreien hören,
und es kam vor, ich habe selbst geschrien;
doch niemals hört ich einen schrein wie ihn.
Ja, es gibt Dinge, die man nicht vergißt: –
da war die Angst, die in den Tieren ist,
die Angst von Weibern, wenn sie irre kreißen,
die Angst von kleinen Kindern war darin, –
und das ergriff ihn, und das warf ihn hin,
und das war so, als müßt es ihn zerreißen.

MONNA LARA *die den Boten starr ansieht, tritt scheu an die Bank*
zurück. Sie zwingt sich zu sagen

War das in San Terenzo, was Ihr saht?

DER BOTE

Nein, edles Fräulein. In Vezzano war es.
In San Terenzo war es still. Ich trat
in eine Kirche ein und bat

im Lichte eines einzigen Altares
um gute Reise. Ich war ganz allein.
Doch in Sarzana, in der Kathedrale,
da sangen sie. Was sag ich, singen? Nein,
auch das war Schreien: wie mit einemmale
an Siebenhundert und die Orgel schrien.
Sie knieten, Fräulein. Ihre Hälse waren
wie Stengel vom Rhabarber, stimmenstrotzend.
Die Augen waren bei den Männern glotzend,
wie Munde offen, bei den Frauen zu.
Sogar die Kinder hatten keine Ruh:
wie lange Hälse streckten sie die Arme
und hielten sie wie einen zweiten Mund
aus dem Gedränge, aus dem warmen Schwarme;
erbarme! brüllten sie, erbarme! Und:
erbarme! donnerte im Hintergrund
der breite Bischof vor dem Hochaltare
das Tabernakel an, so daß die klare
Monstranz erzitterte und schien, als sende
sie Blicke aus. Sie aber schrien, es war
als zöge Gott sie an dem obern Ende
der langen Stimmen wie an langem Haar.
Und als ich mich zwischen die andern schob,
empfand ich (noch empfind ichs an den Sohlen),
daß sich die ganze Kathedrale hob –
und wieder senkte, wie ein Atemholen. –
Das war ein Wunder. Wunder tun uns not.
Ihr habt das nicht gesehen, wie der Tod
da kommt und geht, ganz wie im eignen Haus;
und ist nicht *unser* Tod, ein fremder, aus
aus irgendeiner grundverhurten Stadt,
kein Tod von Gott besoldet...

DIE WEISSE FÜRSTIN *sieht plötzlich auf*
    Tod? Was hat er da gesagt?
MONNA LARA
    Ich bitte dich, befiehl ihm, daß er ginge.
    Mir graut vor ihm, er redet solche Dinge –
DER BOTE
    Ein fremder Tod, sag ich, den keiner kennt,
    er aber ist bekannt mit einem jeden…
DIE WEISSE FÜRSTIN *sieht Monna Laras Angst*
    Verzeih, ich ließ ihn immer weiter reden,
    mir klangs von ferne wie ein Instrument.
    *Sie gewahrt, daß Monna Lara in ihrer Erregung den Brief, den sie
    immer noch hielt, ganz zerrissen hat.*
    Lächelnd
    Und sieh, mein Brief…
MONNA LARA *erschrickt.*
DIE WEISSE FÜRSTIN *ohne Vorwurf*
    So leben deine Hände
    für sich allein –
    zum Boten
    Mein guter Freund, es wohnt
    im Meierhofe mancher Mann; der stände
    Euch besser zu Gehör, daß es sich lohnt.
    Hier sind nur Frauen und sind ungewohnt
    so ernsthaften Gespräches. Ihr verschont
    uns sicher gern, vor allem dieses Kind.
DER BOTE *tritt zurück und verneigt sich*
    Verzeiht, erlauchte Frau, ich war wie blind,
    daß ich nicht sah, wie es dem Fräulein schadet.
    Es riß mich mit, wie schon die Worte sind.
    Doch wenn Ihr mich zu *einem* noch begnadet,
    so laßt michs sagen.

DIE WEISSE FÜRSTIN

   Wenn es mild ist, sprecht.

DER BOTE

   Ihr seid so unbewacht. Das ist nicht recht.
   Der Park ist offen wie des Herrgotts Land,
   und hier am Strande kann ein jeder gehen.
   Da denk ich mir, verzeiht, es kann geschehen,
   daß diese Hunde kommen; nah von hier
   gehn sie schon um. Da sah ich ihrer vier
   raubvogelhaft vor einem Haus gespenstern;
   sie warten überall und dauern aus,
   und winkt man ihnen furchtsam aus den Fenstern,
   so kommen sie und holen aus dem Haus,
   was Totes da ist: Kinder, Männer, Frauen, –
   sie nehmen alles, ohne Unterschied.
   Man sagt, daß sie auch nach den Kranken schauen;
   doch *wie* sie schauen? Ja, weiß Gott, man sieht
   nicht ihr Gesicht. Es geht ein kaltes Grauen
   von ihnen aus. Ich könnte keinem trauen.
   Das, was sie tun, mag ja barmherzig sein
   und christlich gut: sie sorgen für die Toten
   und tragen sie heraus, so ists geboten,
   was aber tragen sie ins Haus hinein?
   Und wenn sie draußen stehn im Feuerschein,
   und wenn von ihren hohen Leichenhaufen
   aus Rauch und Schauder sich die Flamme hebt,
   dann gehn sie in dem Feuer aus und ein.
   Es ist, als hätte, wer noch lebt,
   die Pflicht, sich von den Brüdern freizukaufen...

DIE WEISSE FÜRSTIN

   Das müßt Ihr tun, mein Freund; das Lösegeld
   will ich Euch morgen senden. Bleibt zur Nacht
   im Meierhofe, dort seid Ihr bewacht

und könnt geruhig schlafen und der Welt
erhalten bleiben. Geht in Gottes Namen.

DER BOTE

Dank und Vergebung, sehr erlauchte Damen,
für meine lästige Beredsamkeit.
Es tut in dieser wunderlichen Zeit
so gut, zu sprechen von der Dinge Lauf.
Dank, und vergeßt nicht, stellet Wachen auf,
besser ist besser; sie sind wie die Kletten
und hängen sich an einen an und betten
den Scheiterhaufen auf, so daß man denkt,
es bliebe einem selber nicht geschenkt,
darauf zu schlafen.

DIE WEISSE FÜRSTIN

Nun, für diesmal mag
Euch noch ein andres Bette wärmen. So.
Nun, hoff ich, seid Ihr auch getrost und froh,
und schlaft Euch Mut zu einem Heimkehrtag.

DER BOTE *verneigt sich tief und geht durch die Allee ab.*

MONNA LARA *die ganz reglos dagestanden hatte, bricht plötzlich in*
Weinen aus. Die Fürstin zieht sie neben sich auf die Bank, und sie
legt ihr weinendes Haupt in den Arm der Schwester.

DIE WEISSE FÜRSTIN

Mein liebes Kind, bist du erregt? Du mußt
nicht bange sein; das ist Geschwätz, geschart
um feige Furcht, geringe Redensart —

MONNA LARA

Ich habe alles dieses nicht gewußt...
Nun kommt auf einmal alles über mich,
nun bricht es über mich herein, und ich,
ich ahne jetzt erst, daß das Leben droht.
Daß das nicht Leben war, das sanfte Sein,
das sich mir bot, —

wer lebt, ist traurig, hilflos und allein
mit sich, mit Sorge, Angst, Gefahr und Tod.
DIE WEISSE FÜRSTIN

Und wenn ers wäre, meine Freundin, sieh, –
wenn es ist, wie ich es bin seit Jahren,
glaubst du, die Tage, welche trostlos waren,
dürften mir fehlen in der Melodie
der großen Freude, die ich heute trage?
Sie sagen: Tod, – doch hör, wenn ich es sage:
Tod – ist es dann nicht wie aus anderm Klang?
Nur ausgelöst, vereinzelt macht es bang.
Nimm sie im ganzen – alle, als das Deine
die vielen Worte, nimm sie in Gebrauch: –
nur wo sie alle bis ins Ungemeine
und Große wachsen, wächst das eine auch.

MONNA LARA

Doch nicht um Worte handelt sichs: sie sterben.
Sie sterben, viele. Jetzt und jetzt und jetzt.
Sie ringen noch, sie hoffen bis zuletzt;
noch wenn der Tod die Finger angesetzt,
um sie zu würgen, hoffen sie, gehetzt
von ihrer Angst.
*Monna Lara sieht ratlos um sich. Es entsteht eine Stille, die Fürstin
schüttelt leise das Haupt.*

MONNA LARA *horchend*

Und jetzt!
Sie wirft sich der Fürstin zu Füßen, flehend mit ringenden Händen
O laß uns helfen! Laß uns weiches Linnen
aus deinen Schränken nehmen für die Betten,
und was bereit war für die Wöchnerinnen
an Binden, Hemden, Salben, Amuletten.
Die dichten Tropfen und die leisen Öle,
die Elixiere für das trübe Blut –

o irgend etwas, das in ihrer Höhle
noch niemals war und das ein Wunder tut.
Warum geschieht kein Wunder? Daß ich wüßte,
mit welchem Wort ich *Dich* erreichen kann:
Maria! Warum rührst *Du* sie nicht an?
Wo ist Dein Mund, der *Jesu* Wunden küßte?
Ekelt es Dich? Und willst *Du* nicht geruhn,
ein Wunder an den Stinkenden zu tun, –
so tu's an mir: Gib Milch in meine Brüste,
daß ich sie tränke…

Monna Lara hat sich knieend zurückgeworfen und hält mit beiden Händen ihre Brüste hin, als wartete sie, daß sie sich füllen sollten. So bleibt sie eine Weile, ihre Spannung steigert sich, bricht ab, und sie fällt vornüber der Fürstin in den Schooß.

DIE WEISSE FÜRSTIN *sie streicht der Knieenden sanft, beruhigend über das Haar und spricht, über sie geneigt, leise, eindringlich*
Wir wollen das Unsrige zu dem Ihren tun. Wir wollen
die Falten in ihren weichen Lagern glätten, so daß
sie es hätten wie die Kinder der Reichen. Wir wollen
ihnen zureden wie Tieren, daß sie sich nicht scheuen,
und selbst alle Scheu verlieren ihretwegen. Ich will
mich zu denen legen, die frieren. Ich will die Stirnen
der Sterbenden halten. Ich will die Alten reinigen,
und ihnen die Bärte über die Decken breiten. Heiter
will ich zu den Kindern hinüberschauen und die
Frauen erleichtern, und ihre blauen Nägel und ihr
Eiter soll mich nicht schrecken. Und ich will für die
Toten sorgen –
Pause.

MONNA LARA *hebt das Haupt. Sie ist ganz ruhig, fast nüchtern.*
DIE WEISSE FÜRSTIN *über sie fortschauend, zögernd*
Von morgen an wird das mein Tagwerk sein –
und meiner langen Nächte Werk.

MONNA LARA

Von morgen?

DIE WEISSE FÜRSTIN

Von morgen, Schwester. Heute bin ich sein,
des Kommenden.
Wie seiner Väter Erbschaft
ihm zugefallen, reich für ihn allein.
Selbst mein Gemahl hat mich für ihn bewahrt;
mit seiner Wildheit übergroßem Jähzorn,
dem keiner wehren könnte, wenn er tobt,
hielt er in Bann der Andern Wort und Art:
der Edelleute, Dichter und des Herzogs.
Pause.
So blieb ich Braut. Dem Weitesten verlobt.
*Monna Lara hat sich während der letzten Worte erhoben, sie steht steif
und hilflos, fast puppenhaft vor der Fürstin und spricht mit seltsam
tonloser Stimme.*

MONNA LARA

Und dein Gemahl, der Fürst, lag nie bei dir?
Pause.
Die Fürstin aufs Meer hinausblickend.

DIE WEISSE FÜRSTIN

Er lag bei mir.
Sie erhebt sich; Monna Lara tritt scheu vor ihr zurück.
Wenn abends die Musik
ihn sänftigte, so daß er nichts verlangte,
so bot ich ihm mein Bett. Sein Auge dankte
mir lange. Seine harte Lippe schwieg.
So schlief er ein. Und mir war gar nicht bange.
Nachts saß ich manchmal auf und sah ihn an,
die scharfe Falte zwischen seinen Brauen,
und sah: jetzt träumte er von andern Frauen
(vielleicht von jener blonden Loredan,

63

die ihn so liebte) – träumte nicht von mir.
Da war ich frei. Da sah ich stundenlang
fort über ihn durch hohe Fensterbogen:
das Meer, wie Himmel, weit und ohne Wogen,
und etwas Klares, welches langsam sank;
was keiner sieht und sagt: Monduntergang.
Dann kam ein frühes Fischerboot gezogen
im Raum und lautlos wie der Mond. Das Ziehn
von diesen beiden schien mir so verwandt.
Mit einem senkte sich der Himmel näher,
und durch das andre ward die Weite weit.
Und ich war wach und frei und ohne Späher
und eingeweiht in diese Einsamkeit.
Mir war, als ginge dieses von mir aus,
was sich so traumhaft durch den Raum bewegte.
Ich streckte mich, und wenn mein Leib sich regte,
entstand ein Duft und duftete hinaus.
Und wie sich Blumen geben an den Raum,
daß jeder Lufthauch mit Geruch beladen
von ihnen fortgeht, – gab ich mich in Gnaden
meinem Geliebten in den Traum.
Mit diesen Stunden hielt ich ihn.
Pause.
Es gab
auch andre Stunden, da ich ihn verlor.
Wenn ich drin wachte und *er* stand davor,
vielleicht bereit, die Türe einzudrücken, –
dann war ich Grab: Stein unter meinem Rücken
und selber hart wie eine Steinfigur.
Wenn meine Züge einen Ausdruck hatten,
so war das nur der Ampel Schein und Schatten
auf einer inhaltlosen Meißelspur.
So lag ich, Bild von einer welche war,

auf meines Lagers breitem Sarkophage,
und die Sekunden gingen; Jahr und Jahr.
Und unter mir und in derselben Lage
lag meine Leiche welk in ihrem Haar.
Pause.
Monna Lara tritt zur Fürstin und umfaßt sie leise.

DIE WEISSE FÜRSTIN

Sieh, so ist Tod im Leben. Beides läuft
so durcheinander, wie in einem Teppich
die Fäden laufen; und daraus entsteht
für einen, der vorübergeht, ein Bild.
Wenn jemand stirbt, das nicht allein ist Tod.
Tod ist, wenn einer lebt und es nicht weiß.
Tod ist, wenn einer gar nicht sterben kann.
Vieles ist Tod; man kann es nicht begraben.
In uns ist täglich Sterben und Geburt,
und wir sind rücksichtslos wie die Natur,
die über beidem dauert, trauerlos
und ohne Anteil. Leid und Freude sind
nur Farben für den Fremden, der uns schaut.
Darum bedeutet es für uns so viel,
den Schauenden zu finden, ihn, der sieht,
der uns zusammenfaßt in seinem Schauen
und einfach sagt: ich sehe das und das,
wo andere nur raten oder lügen.

MONNA LARA

Ja, ja, das ists. Ein solcher muß es sein,
sonst wird das namenlose Bild zu schwer.
Kleine Pause.
Dir kommt er heut...
Kleine Pause.
Wie aber konntest du's
so lange tragen? Ich vermags kaum mehr.

Wenn ich mir denke, daß ich noch ein Jahr
herumgehn soll mit unerklärtem Blut,
unausgeruht, – von meinem eignen Haar
hochmütig übersehen wie ein Kind,
allein und blind inmitten meiner Brände,
sogar den Hunden neu und wie versagt,
mir selbst so fremd, daß mich die eignen Hände
anrühren wie die Hände einer Magd...:
wenn ich ein Jahr noch also leben soll,
so werf ich mich nach diesem einen Jahre
einem Bedienten in den Weg wie toll
und fleh ihn an, daß er mir das erspare.
Wie trugst du das?
DIE WEISSE FÜRSTIN
Mein Blut war übervoll.
Oft rief es laut, daß ich davon erwachte,
mich weinend fand und in die Stille lachte
und in mein Kissen biß, bis es zerriß.
In einer solchen Nacht – ich weiß noch – schmolz
von seines Kreuzes Ebenholz
mein Christus los;
so groß war meine Glut:...
die Arme offen lag er über mir.
MONNA LARA
Und dennoch war so tiefe Kraft in dir.
DIE WEISSE FÜRSTIN
Das war nicht Kraft. Geiz war es, Habsucht war es,
womit ich alle Gluten jedes Jahres
aufsparte für den späten Hochzeitstag.
Nun ist er da. Mit tausendfachem Schlag
schlägt mir das Herz. Der Wurzeln letzte Süße
ist in mich eingegangen; ich bin reif.
Mein Haupt ist schön, und unter meine leichten Füße

66

schiebt sich die Erde wie ein Wolkenstreif.

– – – – –   – – – – – – – – – – – –

Und morgen darf ich altern.

MONNA LARA

Du bist jung –

DIE WEISSE FÜRSTIN *zärtlich lächelnd*

Jugend ist nur Erinnerung
an einen, der noch nicht kam.
Sie faßt die Schwester mit beiden Händen an den Schultern.
Auch du wirst sparen für den Bräutigam.
Denn deine Ungeduld ist Übergang.
Lang ist das Leben.
Pause.

MONNA LARA *bewundernd*

Glanz geht von dir aus
und eine Stärke wie von Königinnen.

DIE WEISSE FÜRSTIN *sieht aufgerichtet zurück nach dem Palast*

Die Sonne sinkt und spiegelt sich im Haus.
Nun will ich warten, und dann will ich winken.

MONNA LARA

Winktest du nicht?

DIE WEISSE FÜRSTIN

So hieße das: uns droht
Gefahr.

MONNA LARA *mit geschlossenen Augen, traumhaft schmerzlich*

Er führe wie das frühe Fischerboot
vorüber von dem rechten Rand zum linken.
Sie reißt wie in Angst die Augen auf
Aber du winkst?!

DIE WEISSE FÜRSTIN *glücklich*

Wenn dort das Meer verloht,
so wink ich aufrecht in das Abendrot.
Das Haus ist leer –

MONNA LARA

Still! Waren das nicht Schritte?

DIE WEISSE FÜRSTIN *horcht einen Augenblick*

Nein; komm zur Terrasse. Man sieht von der Mitte
so weit ins Meer.

*Sie gehen, sich umfaßt haltend, langsam durch die Platanen-Allee.
Das Meer atmet langsamer und schwerer. Als die Fürstin einmal stehen bleibt und zurücksieht, sagt*

MONNA LARA *wie einen Kindervers*

Nun kannst du nicht gehen und Linnen verschenken
und Öl und Salbe und Spezerei,
mußt an dein eigenes Bette denken,
daß es bereitet und selig sei.

DIE WEISSE FÜRSTIN *nickt ernsthaft im Weitergehen. – Ein Stück
weiter faßt Monna Lara die Fürstin an der Hand. Sie bleiben beide
stehen, die Fürstin sieht wieder nach dem Meer.*

MONNA LARA

Glaubst du, kann ich dir dein Lager rüsten
und das Becken in das du dein Antlitz tauchst?
Mir ist als ob meine Hände wüßten
Alles was du heute brauchst.

*Die Fürstin nickt, und sie gehen wieder ein Stück weiter, so kommen
sie auf die Stufen der Terrasse und bleiben wieder stehen.*

MONNA LARA *kniet plötzlich nieder*

Ich will dich betten. Ich will dir dienen.
Alles Meine ist zu dir treu –

*Die weiße Fürstin hebt sie leise empor, faßt ihr Gesicht mit beiden
Händen und sieht hinein.*

DIE WEISSE FÜRSTIN

Deine Augen sind tief und neu.
Ich sehe mein ganzes Glück in ihnen.

*Sie küßt sie auf den Mund. Monna Lara macht sich schnell los und
eilt ins Haus hinein.*

Die Fürstin schreitet jetzt die letzten Stufen empor, wendet sich und sieht in großem Erwarten auf das Meer hinaus. — Nach einer Weile erscheint Monna Lara, einen silbernen Spiegel tragend, den sie, indem sie niederkniet, der Fürstin vorhält. Langsam ordnet die Fürstin ihr schweres Haar.

MONNA LARA *unter dem Spiegel, leise*

Jetzt ist er in mir wiedergekommen.

Er hat mich einmal an der Hand genommen.

Jetzt fühl ich es wieder in meiner Hand.

Sieh, so hab ich ihn doch gekannt...

Die Fürstin lächelt in den Spiegel hinein, zerstreut hinhörend. Gleich darauf richtet sie sich, ausblickend, auf.

MONNA LARA

Jetzt geht die Sonne ins Meer.

Sie eilt ins Haus zurück.

Pause.

Die weiße Fürstin steht jetzt allein, aufrecht und in gespanntem Schauen, auf der Terrasse. Die Villa hinter ihr wird immer strahlender (als leuchtete ein großes Fest darin) vom Widerschein der sinkenden Sonne. Da erkennt die Fürstin, nach rechts blickend, etwas Fernes. Sie langt einmal flüchtig nach der Gürteltasche, wie um zum Winken bereit zu sein. Dann wartet sie. Endlich hört man Ruderschläge, die näher kommen. Während die Fürstin der Bewegung draußen mit ihrem ganzen Wesen folgt, ist den Strand entlang von rechts (vom Zuschauer aus gemeint) ein Frater der Misericordia, die schwarze Maske vor dem Gesicht, aufgetreten und bis an den Anfang der Allee gegangen. Ihm folgt ein zweiter. Sie sehen beide nach dem Haus und flüstern miteinander. Jetzt, da die Fürstin mit einer schnellen Gebärde nach ihrem Tuche greift, rühren sich beide, und der erste Mönch macht einige rasche Schritte vorwärts. Dann zögert er, wendet sich nach seinem Gefährten zurück, steht still. Die weiße Fürstin hat ihn bemerkt. Von diesem Augenblick an sieht sie nur ihn, ihre Gestalt erstarrt in Schrecken, sie verliert das Meer aus den Augen, aus dem Bewußtsein, während jetzt ganz laut die Ruderschläge von dort, langsam, zögernd, vernehmbar sind. Die Fürstin macht eine große Anstrengung, den entsetzlichen Bann zu brechen und dennoch zu winken. Eine Weile dauert dieser Kampf. Bei einer ihrer schweren, mühsamen Bewegungen macht der zweite Bruder ein paar Schritte, so daß er jetzt fast neben dem ersten in der Allee steht. – Die Fürstin rührt sich nicht mehr. Die Fronte der Villa beginnt zu verlöschen. Das Boot muß vorbeigefahren sein, leiser, ferner und ferner verliert sich der Ruderschlag in dem schweren Branden des fast nächtlichen Meeres.

Da, als man ihn eben noch unterscheiden kann, wird oben im Haus der Vorhang von einem der hohen Bogenfenster fortgerissen, und etwas Helles, Schlankes erscheint, fast wie die Figur eines Kindes, und winkt. Winkt erst rufend, hält einen Augenblick ein und winkt dann anders: schwer und langsam, in zögernden Zügen, wie man zum Abschied winkt.

Vorhang

Rilkes Hoffnung auf eine Begegnung mit der Duse
(1905-1906)

Ohne Zweifel war es Rilkes Wunsch, die zarte, leidende Gestalt der Titelheldin seines Versdramas durch die Kunst der Duse auf der Bühne verkörpert zu sehen. Doch dem zum lyrischen Dichter bestimmten Rilke war auch diesmal – ähnlich wie bei seinen früheren Dramen[21] – wenig Glück mit seinem Bühnenwerk beschieden. So mußte er erleben, daß sich sein Plan nicht verwirklichte.[22]

Lange Zeit hatte Rilke gezögert, sich der von ihm so bewunderten Eleonora Duse zu nähern. Am 6. Januar 1905 schrieb er an seine schwedische Freundin und Gönnerin Ellen Key: »Ich denke noch daran, die Duse womöglich irgendwo zu treffen, aber fast fehlt mir jetzt der Muth dazu.«[23]

Eine Möglichkeit ergab sich dann aber, als er in den Jahren seines zweiten Pariser Aufenthalts (September 1905-Juli 1906) als Sekretär Rodins tätig war und in dessen Auftrag Ende 1905 einen Brief an die Duse richtete, die während ihrer Pariser Gastspiele den Bildhauer mehrmals besucht hatte und mit ihm in Verbindung stand. Am 29. November 1905 berichtete Rilke an Ellen Key: »Neulich habe ich für Rodin einen schönen Brief an die Duse geschrieben; Du kannst Dir denken, mit welcher Freude. Rodin hieß mich, eine lange Nachschrift im eigenen Namen anfügen, darin ich ihr ein wenig von mir erzählen sollte.«[24] Ein Echo auf Rilkes Zeilen blieb, so scheint es, aus.

Im Jahre 1906 unternahm Rilke bei einem Aufenthalt in Berlin wiederum einen Versuch, mit der Duse in Verbindung zu treten. Diesmal hoffte er, durch Vermittlung seines

Eleonora Duse und Auguste Rodin gemeinsam mit Armand Dayot (rechts) im Garten von Meudon, 1905

Freundes Karl von der Heydt, einen Besuch bei ihr machen zu können, um ihr ein Exemplar seines ihr gewidmeten Versdramas zu überreichen. Noch unter dem starken Eindruck der großen schauspielerischen Leistung der Duse in Gestalt der Rebekka West in Ibsens »Rosmersholm«[25] bat er den Freund um Hilfe: »Seit lange ist das vor mir und, Sie werden fühlen, nicht als Neugierde: der Duse einmal zu begegnen. Ich habe ja die ›weiße Fürstin‹, die ihr gewidmet ist und dachte oft daran, dieses Gedicht ihr selbst zu überbringen. Oft war ich nahe daran und hatte auch gelegentlich Einführungen zu ihr. Aber ich ließ sie vorübergehen unbenutzt, weil ich jedesmal empfand, wie sehr die, die sie lieben, sich vereinen müssen, alles Überflüssige oder doch wenigstens Überzählige von ihrer Einsamkeit fern zu halten. Daran hat sich ja nichts geändert, aber ich fühle, nach jenem Rosmersholm-Abend, eine umso viel stärkere und entschlossenere Nothwendigkeit, ihr zu begegnen. Weiß Gott, was mir das giebt, wozu es mir hilft… Kurz: es erscheint mir wichtig, einen wirklichen Versuch zu machen […]. Es wird sich sicher eines Tages erweisen, daß ich nicht leichtsinnig diesen Schritt versuche, zu dem ich erst noch Muth fassen muß.«[26]

Doch wiederum erfüllte sich Rilkes Hoffnung nicht: die persönliche Begegnung sollte erst sechs Jahre später zustande kommen.

Rilkes Gedicht »Bildnis«
(1907)

In Rilkes 1902 erschienenem Essay über Rodin und sein Werk taucht der Name der Duse an einer wichtigen Stelle auf. Bei der Beschreibung der Skulptur »Die innere Stimme«, die neben der Gestalt des »Genius des Ruhms« für das Denkmal Victor Hugos bestimmt war, betonte Rilke das Fehlen der Arme und sah in dieser Eingebung des Bildhauers die Möglichkeit, eine Verinnerlichung der zum äußersten Verzicht bereiten Gestalt zu erzielen, die an die Kunst der großen Schauspielerin gemahnte: »Man kann an die Duse denken, wie sie in einem Drama d'Annunzios schmerzhaft verlassen, ohne Arme zu umarmen versucht, und zu halten ohne Hände. Diese Szene, in der ihr Körper eine Liebkosung lernte, die weit über ihn hinausging, gehört zu den Unvergeßlichkeiten ihres Spieles. Es vermittelte den Eindruck, daß die Arme ein Überfluß waren, ein Schmuck, eine Sache der Reichen und der Unmäßigen, die man von sich werfen konnte, um ganz arm zu sein. Nicht als hätte sie Wichtiges eingebüßt, wirkte sie in diesem Augenblick; eher wie einer, der seinen Becher verschenkt, um aus dem Bache zu trinken, wie ein Mensch, der nackt ist und noch ein wenig hülflos in seiner tiefen Blöße.«[27]

Fünf Jahre später versuchte Rilke, in dem am 1. August 1907 in Paris entstandenen Gedicht »Bildnis« das Porträt einer Schauspielerin und ihrer Kunst zu zeichnen, zu dem ihn die Duse inspiriert hatte. In der ersten Fassung lautet das Gedicht:

»Man kann an die Duse denken, wie sie in einem
Drama d'Annunzios schmerzhaft verlassen,
ohne Arme zu umarmen versucht, und zu halten ohne
Hände.« Rilke über Auguste Rodins »Die innere
Stimme«

Daß von dem verzichtenden Gesichte
keiner ihrer großen Schmerzen fiele,
trägt sie langsam durch die Trauerspiele
ihrer Züge schönen welken Strauß,
wild gebunden und schon beinah lose;
manchmal fällt, wie eine Tuberose,
ein verlornes Lächeln müd heraus.

Und sie geht gelassen drüber hin,
mit den schönen leeren Händen
welche wissen, daß sie es nicht fänden;

und sie läßt Erdichtetes, darin
eine Weile ihre Stimme stand
(heiß und dunkel und bis an den Rand)
wieder los. Sie hat kein Eigentum.

So vergeht sie, immer vor Gesichtern,
und die Menge drängt sich mit den Richtern
wie ums Blutgerüst um ihren Ruhm.

Am folgenden Tag gestaltete Rilke das Gedicht noch einmal
um und schuf die endgültige Fassung. Wenn wir beide Ver-
sionen miteinander vergleichen, müssen wir feststellen, daß
Rilke die erste der vier Strophen unverändert in die zweite
Fassung übernahm. Auch die zweite Strophe weist nur eine
geringe Änderung auf, indem er das Adverb »müd« der
letzten Zeile der ersten Strophe noch einmal aufnehmend,
es an den Anfang der zweiten Zeile stellt, um die Resignati-
on der Künstlerin, die in ihren welken Zügen bereits angedeutet war, noch stärker zum Ausdruck zu bringen. Die
dritte und vierte Strophe dagegen wurden von Rilke weit-
gehend umgestaltet. Die dritte erweiterte er um eine wich-

tige Zeile, die dem Gedicht durch das Motiv des aus-
brechenden Schreis große Dynamik verleiht. Der vierten
legte Rilke neue Gedanken zugrunde und veränderte die aus
ursprünglich drei Zeilen bestehende auf eine Strophe von
acht Zeilen. In ihnen werden noch einmal die Isoliertheit
der Künstlerin, ihre Trauer und die lastende Schwere ihres
Daseins deutlich, die in dem Symbol des fußlosen Gefäßes
ihren Ausdruck finden, wie Walther Rehm es interpretiert:
»Dies ihr eigenes Gefäß, das im Gefäß beschlossene Leid –
wie immer bei Rilke wird Seelisches im real-körperlichen
Gleichnis gefaßt – kann sie nicht ›abstellen‹, es hat keinen
Fuß, es ›bleibt‹, es kann nicht ›fortgehen‹. Die Trägerin ver-
mag es auch nicht mehr, es achtlos oder müde fallen zu lassen wie die erdichteten Worte oder wie das verlorene
Lächeln; denn das Gefäß, das ist ihr leidvolles Selbst, so
sehr, daß sie es ständig mit sich tragen und mit hochgeho-
benen Händen halten muß, mit jenen schönen blinden
Händen, die nun wissen, daß sie gefunden haben, daß sie
halten und immer halten müssen: hoch über ihren Ruhm
und den Gang der Abende hinaus, hinaus ins Unendliche.
Von der Frau wird also nie die wehe Wirklichkeit ihres
Schicksals genommen werden, sie bleibt mit ihrem ur-
eigensten, in keinem Wortaufwand zu sagenden Schicksal
beladen. (Nur der Dichter scheint es ihr, im Gedicht, abzunehmen und ihr die Last des Leids mittragen zu helfen.) In
der völligen Hingabe an das Halten und Tragen erfüllt sich
das Sein dieser Gestalt, am Anfang wie am Ende: im Tragen
ihres verzichtenden Gesichts, das wie eine unveränder-
liche, nicht abzulegende Maske auf ihr ruht und von ihr
durch all die Trauerspiele hindurchgetragen wird, und im
Tragen des fußlosen, zugleich übervollen und leeren Gefäßes ihrer schmerzlichen Wirklichkeit.«[28]

Die zweite, endgültige Fassung des Gedichts lautet:

Daß von dem verzichtenden Gesichte
keiner ihrer großen Schmerzen fiele,
trägt sie langsam durch die Trauerspiele
ihrer Züge schönen welken Strauß,
wild gebunden und schon beinah lose;
manchmal fällt, wie eine Tuberose,
ein verlornes Lächeln müd heraus.

Und sie geht gelassen drüber hin,
müde, mit den schönen blinden Händen,
welche wissen, daß sie es nicht fänden, –

und sie sagt Erdichtetes, darin
Schicksal schwankt, gewolltes, irgendeines,
und sie gibt ihm ihrer Seele Sinn,
daß es ausbricht wie ein Ungemeines:
wie das Schreien eines Steines –

und sie läßt mit hochgehobnem Kinn,
alle diese Worte wieder fallen,
ohne bleibend; denn nicht eins von allen
ist der wehen Wirklichkeit gemäß,
ihrem einzigen Eigentum,
das sie, wie ein fußloses Gefäß,
halten muß, hoch über ihren Ruhm
und den Gang der Abende hinaus.

Die zweite Fassung von Rilkes Gedicht auf die Duse erschien, nach der Erstveröffentlichung in der Zeitschrift
»Neue Rundschau« im Januar 1908, im November dessel-
ben Jahres in dem Band »Der Neuen Gedichte anderer
Teil«. In dieser Zeit hatte die fünfzigjährige Schauspielerin
den Höhepunkt ihres Ruhmes erreicht, wurde in der ganzen

Die fünfzigjährige Duse mit ihrer Tochter Enrichetta

Welt bewundert und umjubelt, obwohl es einigen Kritikern nicht entging, daß sie in letzter Zeit stark gealtert war. Der Charme, den sie als junge Frau ausgestrahlt hatte, drohte nunmehr verlorenzugehen. So schrieb Lion Feuchtwanger (1884-1958) anläßlich ihres Gastspiels im Münchner Schauspielhaus 1908: »Alte edelste Kultur atmet die Kunst der Duse. Sichersten, erlesensten Geschmack, vornehmste Diskretion und über dem allen die Patina einer leisen, fernen Ironie. Jeder Gestus ist harmonisch geführt, jedes Wort getönt [...]. Die Duse altert. Die zarte Beredsamkeit ihrer wundervollen Hände verliert ihre runde Weichheit; der seltsame Schmelz ihrer herrlichen Stimme bröckelt ab und ihr Antlitz, dies lebenskündendste Antlitz der Welt, bedarf der Schminke.

Aber trotz alledem verehren wir in ihr die machtvollste Persönlichkeit der europäischen Schaubühne, erschauern wir in Andacht vor dieser herrlichen Vereinigung tiefster Schönheit, köstlichster Kunst und königlichstem Weibtums.«[29]

Wie Rilke am 29. August 1908 der Freundin Mimi Romanelli mitteilte, plante er um diese Zeit ein Buch zu schreiben, das in einer Reihe von Essays Schicksale von Frauen behandeln sollte, die, in ihrer leidenschaftlichen Liebe von einem Mann enttäuscht, sich schließlich ganz der Liebe zu Gott hingeben. Im Kreis der Gaspara Stampa, Marianna Alcoforado, Sappho und der Comtesse de Noailles fehlte auch nicht der Name der Duse. Dieses Buch kam jedoch nicht zustande, aber Rilkes Gedanken fanden später ihren Niederschlag in seinem Werk »Die Aufzeichnungen des Malte Laurids Brigge«.[30]

»Die Aufzeichnungen des Malte Laurids Brigge«
(1904-1910)

Der schmähliche Vertrauensbruch d'Annunzios gegenüber der einst geliebten Frau erfüllte Rilke mit um so größerer Verehrung für die Verlassene. Wie in den tragischen Gestalten der von dem Geliebten unverstandenen Frauen vergangener Zeiten, ob Bettina Brentano[31], Louize Labé[32] oder Gaspara Stampa[33], sah Rilke auch in der Duse eine der großen selbstlos Liebenden, die – dem geliebten Mann seelisch weit überlegen – von ihm erniedrigt und verraten werden und ihn dennoch lieben: »Meine Liebe hängt nicht mehr davon ab, wie Du mich behandelst«, so heißt es in den von Rilke ins Deutsche übertragenen »Portugiesischen Briefen« der Marianna Alcoforado.[34]

In seinem in den Jahren zwischen 1904 und 1910 entstandenen einzigen größeren Prosawerk, »Die Aufzeichnungen des Malte Laurids Brigge«, setzte Rilke – ohne jedoch ihren Namen zu nennen – der Duse ein Denkmal: »Es ist wahr, du warst ein Schauspielerkind, und wenn die Deinen spielten, so wollten sie gesehen sein; aber du schlugst aus der Art. Dir sollte dieser Beruf werden, was für Marianna Alcoforado, ohne daß sie es ahnte, die Nonnenschaft war, eine Verkleidung, dicht und dauernd genug, um hinter ihr rückhaltlos elend zu sein, mit der Inständigkeit, mit der unsichtbare Selige selig sind.«[35]

In dem im zweiten Jahrhundert nach Christus erbauten Amphitheater von Orange beschwor Malte die Gestalt der Duse herauf. In diesem antiken Theater, das Rilke seit seiner Reise in die Provence im Herbst 1909 kannte, glaubte er, der dem Theater seiner Zeit gegenüber sehr kritisch ein-

Orange: Die Säulenwand des römischen
Amphitheaters

gestellt war, den wahren Rahmen für ein Schauspiel zu finden, das dem großen Thema »Götter und Schicksal« gerecht werden konnte. Er empfand das Theater seiner eigenen Zeit als wesenlos, als negatives Gegenbild zu der Größe der antiken Bühne, wie er sie in Orange erlebt hatte: »Das war im Theater zu Orange. Ohne recht aufzusehen, nur im Bewußtsein des rustiken Bruchs, der jetzt seine Fassade ausmacht, war ich durch die kleine Glastür des Wächters eingetreten. Ich befand mich zwischen liegenden Säulenkörpern und kleinen Althaeabäumen, aber sie verdeckten mir nur einen Augenblick die offene Muschel des Zuschauerhangs, die dalag, geteilt von den Schatten des Nachmittags, wie eine riesige konkave Sonnenuhr. Ich ging rasch auf sie zu. Ich fühlte, zwischen den Sitzreihen aufsteigend, wie ich abnahm in dieser Umgebung. Oben, etwas höher, standen, schlecht verteilt, ein paar Fremde herum in mußiger Neugier; ihre Anzüge waren unangenehm deutlich, aber ihr Maßstab war nicht der Rede wert. Eine Weile faßten sie mich ins Auge und wunderten sich über meine Kleinheit. Das machte, daß ich mich umdrehte.

Oh, ich war völlig unvorbereitet. Es wurde gespielt. Ein immenses, ein übermenschliches Drama war im Gange, das Drama dieser gewaltigen Szenenwand, deren senkrechte Gliederung dreifach auftrat, dröhnend vor Größe, fast vernichtend und plötzlich maßvoll im Übermaß.«

Rilke ließ Malte aussprechen, was er selbst als Wunsch empfand: die Wiedergeburt eines solchen Theaters, auf dem die große Tragödin der Welt ihr Leid verkünden und sie zu einer Katharsis führen könnte: »Hätten wir ein Theater, stündest du dann, du Tragische, immer wieder so schmal, so bar, so ohne Gestaltvorwand vor denen, die an deinem ausgestellten Schmerz ihre eilige Neugier vergnügen?«

In Erinnerung an den frühen Erfolg der jungen Schauspielerin in der Rolle der Julia in der Arena von Verona ist
Malte überzeugt, daß die vierzehnjährige Eleonora bereits
ihre späteren Enttäuschungen geahnt habe: »Du sahst,
unsäglich Rührende, das Wirklichsein deines Leidens voraus, in Verona damals, als du, fast noch ein Kind, theater-
spielend, lauter Rosen vor dich hieltst wie eine maskige Vor-
deransicht, die dich gesteigert verbergen sollte.« Auch
betont er, daß sie, im Gegensatz zu anderen Schauspielern,
ohne an eigenen Ruhm zu denken, nur dem Kunstwerk dienen wollte: »In allen Städten, wohin du kamst, beschrieben
sie deine Gebärde; aber sie begriffen nicht, wie du, aus-
sichtsloser von Tag zu Tag, immer wieder eine Dichtung
vor dich hobst, ob sie dich berge. Du hieltest dein Haar,
deine Hände, irgendein dichtes Ding vor die durchschei-
nenden Stellen. Du hauchtest die an, die durchsichtig waren; du machtest dich klein; du verstecktest dich, wie Kinder sich verstecken, und dann hattest du jenen kurzen,
glücklichen Auflaut, und höchstens ein Engel hätte dich
suchen dürfen. Aber, schautest du dann vorsichtig auf, so
war kein Zweifel, daß sie dich die ganze Zeit gesehen hatten, alle in dem häßlichen, hohlen, äugigen Raum: dich,
dich, dich und nichts anderes.«

In der Kunst der Schauspielerin Eleonora Duse empfand
Rilke durch die Augen seines Malte Laurids Brigge eine so
starke Magie, daß die Zuschauer sich ihr nicht mehr gewachsen fühlten und am Ende, in ihrem Kleinmut befangen,
nicht zu einer Läuterung fähig waren, sondern sie an der
letzten Steigerung hinderten: »Du fühltest, wie dein Herz
sich unaufhaltsam steigerte zu einer immensen Wirklichkeit und, erschrocken, versuchtest du noch einmal die
Blicke von dir abzunehmen wie lange Fäden Altweibersom-
mers –: Aber da brachen sie schon in Beifall aus in ihrer

Angst vor dem Äußersten: wie um im letzten Moment etwas von sich abzuwenden, was sie zwingen würde, ihr Leben zu ändern.«

Nach Ansicht von Rilkes Freund Rudolf Kassner (1873-1959), der sowohl die Duse als auch Rilke gut gekannt hatte, waren sich beide in vielfacher Hinsicht ähnlich, nicht zuletzt, was ihre Beziehung zur eigenen Raumwelt anbelangt: »Ich sehe nur einen einzigen Künstler, der hierin mit Rilke verwandt ist, und dieser war die größte Schauspielerin ihrer Zeit und wahrscheinlich aller Zeiten, war Eleonora Duse. Wie wußte sie nicht die leere Rhetorik der *Gioconda* des d'Annunzio so zu bringen, daß daraus Dichtung wurde! Je schlechter das Stück, um so besser war sie, weil sie um so heftiger angeregt wurde, ihren eigenen Raum, den Raum der Seele, herzugeben oder aus dieser herauszuspinnen, damit die Worte, die dastehen und zu sagen sind, leben und wachsen. Darin bestand ihre Kunst zuhöchst: den Bühnenraum in Weltraum zu verwandeln. Sarah Bernhardt tat genau das Umgekehrte: sie verwandelte alles, die ganze Welt, in Theater. In der Tat hat die Duse nur in einer einzigen Rolle versagt: als Kleopatra in Shakespeares Tragödie, weil hier der Weltraum schon da war und nicht aus ihr erst genommen, gesponnen werden mußte. Nur auf diesem Weg konnte es ihr gelingen, dem Theater den alten mythisch-kultischen Sinn der Verwandlung zurückzugeben und im wahrsten Wortsinn die Seele des Menschen oder deren Handlungen darzustellen. Jede Handlung der Seele ist Verwandlung; was nottut, ist allein die Seele oder die Wirklichkeit und das ganz und gar Unersetzliche der Seele, deren reine Magie. Die Verwandlung stellt sich dann ganz von selbst ein. Darum durfte, um das noch zu sagen, die Duse jugendliche Rollen im eigenen, früh grau gewordenen Haar ohne Perücke spielen.«[36]

Rilkes Begegnung mit der Duse
(1912)

Im Sommer des Jahres 1912 sollte Rilkes lang gehegter Wunsch nach einer persönlichen Begegnung mit der Duse endlich in Erfüllung gehen. Von Duino aus, wo er sich vom 23. Oktober 1911 bis zum 9. Mai 1912 als Gast der ihm freundschaftlich verbundenen Fürstin Marie von Thurn und Taxis-Hohenlohe aufgehalten und an den ersten »Elegien« gearbeitet hatte, war er am 9. Mai nach Venedig gereist, wo er bald in einer der Fürstin gehörenden Wohnung im Mezzanin des Palazzo Valmarana (vom 1. Juni bis zum 11. September 1912) Unterkunft fand.

Obwohl Rilke sich in Rußland und auch in Frankreich »zu Hause« fühlte, stand ihm doch auch Italien, und besonders die Lagunenstadt, seit früher Zeit nahe. Vom 28. bis 31. Mai 1897 war er zum ersten Mal in Venedig gewesen, das ihm traumhaft-unwirklich und abenteuerlich erschien und ihn zu einer Reihe von Gedichten inspirierte, die das »leise Gleiten« der schlanken Gondeln, die vornehmen Marmorpaläste und die »Gassennetze« beschreiben. Keineswegs aber übersah der zweiundzwanzigjährige Dichter die dunklen Seiten dieser Stadt: »Das Volk ist arm und krank, und die Kinder sind wie Waisen«, heißt es im zweiten Gedicht des »Venedig« überschriebenen Zyklus von vier Gedichten. In diesem wie auch in den übrigen venezianischen Gedichten klingt deutlich das Todesmotiv an im Bild der Gondeln, die »wie schwarze Gedanken dem Abend zu«[37] fahren.

Diese wenigen Tage im Frühjahr 1897 hatten auf Rilke solch einen Zauber ausgeübt, daß ihn von nun an die Sehnsucht nach Venedig begleitete. Ende August 1903 weilte er wiederum für wenige Tage dort; sein dritter Aufenthalt (vom 19. bis 30. November 1907) aber wurde für ihn von ganz besonderer Bedeutung, wie aus seinen Briefen aus dieser Zeit deutlich hervorgeht. Und doch waren auch diesmal seine Eindrücke zwiespältiger Natur: Einerseits empfand er Venedig als »trostlos« in seinem kalten, ungeheizten Zimmer, die Inseln »mit Unsäglichem beschwert«, andererseits aber hatte die Stadt für ihn sehr viel Großes und Stolzes durch ihre ruhmreiche Vergangenheit: »die räthselhafteste aller Städte, spröde wie unter einer gläsernen Glocke unter dem kalten Winde [...], der von Sonne glänzt«, so charakterisierte er Venedig in einem Brief vom 24. November 1907 an die Freundin Sidonie Nádherný von Borutin. Immer wieder übte Venedig seine eigene Magie auf Rilke aus, wie er später, im Dezember 1907, an dieselbe Empfängerin schrieb: »So unerwartete Wege führten in das Innerste seiner verwunschenen Welt und gingen darin in eigenem Glück, in unbeschreiblichem Staunen und in so seltsam wirklichem Erleiden aus, daß die wenigen raschen Tage zu der Einheit einer Existenz sich zusammenschlossen, zu etwas unsäglich Ganzem, das hätte sein und dauern mögen, das aber (als ein Menschliches) von Geburt und Tod eingegrenzt und abgeschnitten war und mir, wie eine gemalte Handlung bei Michel-Angelo, in gewaltiger und verwirrender Verkürzung erscheint, wenn ich danach zurücksehe.«[38]

Begierig nahm Rilke in Venedig die unterschiedlichsten Eindrücke in sich auf. Er betrachtete nicht nur die Kunstwerke, sondern ließ auch vor allem das pulsierende Leben in den Gassen und auf den Kanälen auf sich wirken. Auf Grund der vielfältigen Stimmungen, der Gegensätze und Schattierungen der Lagunenstadt kam Rilke zu der Über-

Rilke wohnte im Palazzo Valmarana a San Vio

*Venedig, »die rätselhafteste aller Städte«: Blick vom
Ponte Pasquaglio gegen Santa Maria Formosa*

zeugung, daß sie einen Spiegel des Daseins mit all seinen Widersprüchen darstelle. In einigen in den Jahren 1907 und 1908 entstandenen Gedichten verarbeitete Rilke die Eindrücke jenes Venedig-Aufenthalts. Das »San-Marco« überschriebene Sonett stammt aus dem Frühsommer 1908:

SAN MARCO
Venedig

In diesem Innern, das wie ausgehöhlt
sich wölbt und wendet in den goldnen Smalten,
rundkantig, glatt, mit Köstlichkeit geölt,
ward dieses Staates Dunkelheit gehalten

und heimlich aufgehäuft, als Gleichgewicht
des Lichtes, das in allen seinen Dingen
sich so vermehrte, daß sie fast vergingen –.
Und plötzlich zweifelst du: vergehn sie nicht?

und drängst zurück die harte Galerie,
die, wie ein Gang im Bergwerk, nah am Glanz
der Wölbung hängt; und du erkennst die heile

Helle des Augenblicks: aber irgendwie
wehmütig messend ihre müde Weile
am nahen Überstehn des Viergespanns.[39]

Um diese Zeit wünschte sich Rilke tiefer in die Geschichte Venedigs einzudringen. Vor allem war es ein hervorragender Vertreter der großen Vergangenheit, der ihn faszinierte und über den er eine wissenschaftliche Arbeit zu schreiben gedachte: Admiral Carlo Zeno, der im 14. Jahrhundert von wesentlicher Bedeutung für die Geschichte

»Diese unvergleichliche Zartheit unserer Begegnung«.
Rainer Maria Rilke im Sommer 1913

Venedigs gewesen war. Von Duino kommend hielt sich Rilke vom 28. April bis zum 11. Mai 1910 erneut in Venedig auf, um seine Forschungen für die geplante Studie voranzutreiben. Doch bald erkannte er, daß ihm die mühsame, viel Geduld erfordernde wissenschaftliche Arbeit nicht lag, so daß das Projekt in den Anfängen steckenblieb.

In den Jahren 1911 und 1912 verbrachte Rilke dreimal kürzere Zeitspannen in Venedig, bevor er sich zu jenem längeren Aufenthalt vom 9. Mai bis zum 11. September 1912 entschloß, der die Begegnung mit Eleonora Duse brachte. Durch die Vermittlung eines gemeinsamen Freundes, des Schriftstellers Carlo Placci (1862-1941), kam sie zustande, und Rilke berichtete ihm am 1. Juli darüber: »Und heute war ich bei der Duse. Was kann ich Ihnen sagen? Schon seit altersher hat es schön werden müssen – aber was ich nicht hätte vorausahnen können war diese unvergleichliche Zartheit unserer Begegnung; fast hätten wir ohne Worte verbleiben können wie Frater Egidio und König Ludwig.[40] Wie sehr hatte ich recht, während so vieler Jahre nichts für die Verwirklichung meines Wunsches zu tun. Man soll sich nicht eigenwillig dem andern aufdrängen, man muß vielmehr der Biegung des Weges folgen wie die Gestirne: dann geschieht alles nach dem ewigen Gesetz, im weiten All.«[41]

Wie Rilke mehrfach ausdrücklich in seinen Briefen betonte, war es die Duse, die den Wunsch hatte, ihn persönlich kennenzulernen. Wie mag das Interesse der italienischen Künstlerin an dem deutschsprachigen Dichter zu erklären sein, dessen Werke bis zu dieser Zeit noch nicht in Italien und nur zu einem geringen Teil in französischer Sprache erschienen waren?[42] Es ist denkbar, daß sie durch ihren Bekanntenkreis und besonders durch die Fürstin Thurn und Taxis von ihm gehört und seine venezianische Adresse erfahren hatte, vielleicht auch, daß man ihr von seinen Huldigungen in seinen Werken erzählt hatte.

So schrieb Rilke am 16. Juli an Helene von Nostitz (1878-1944): »Das Schönste will ich Ihnen schnell erzählen: die Duse wollte mich sehen, ich hatte nichts dazu gethan, obwohl's seit zehn Jahren einer meiner großen Wünsche war, ihr zu begegnen[43]; nun kam es, da niemand daran dachte, von selbst, wie eines von jenen Dingen, die mit den Sternen Schritt halten unter uns, fast ohne von uns zu wissen. Und sie wohnt hier ein paar Schritte von meinem Haus, wir sehen uns viel und in Ruhe, sie hat eine unbeschreibliche Langmuth im Menschlichen, die es zuläßt, daß diese Stunden genau das sind, was sie von jeher zu ihrer Zeit werden konnten.«[44] Bereits am 18. Juli antwortete Helene von Nostitz: »Wie freue ich mich über Ihr Zusammensein mit der Duse, einem der Menschen, die ohne sie zu kennen, zu denen gehört, mit denen ich manchmal still verkehre. Ich sah sie nur zweimal spielen. Es freut mich, daß Sie das von dem einfach Menschlichen sagen, weil es das ist, was uns die Sehnsucht nach den größeren Menschen gibt, das Menschliche, das sie tiefer und ernster verstehen als die übrigen.«[45]

Am 1. Juli hatte Rilkes erster Besuch bei der Duse stattgefunden, die sich in Begleitung ihrer jungen Freundin Cordula Poletti in Venedig aufhielt. Sehr schnell schon hatte Rilkes mütterliche Freundin, die Fürstin Thurn und Taxis, die ihrerseits mit der Schauspielerin gut bekannt war, von dieser Begegnung erfahren und ihn neun Tage später um einen Bericht gebeten.

Es nimmt nicht wunder, daß sich Rilke der Künstlerin gegenüber zunächst gehemmt und unterlegen fühlte, auch in Gedanken an die schmerzlichen Enttäuschungen, die er in Paris als Rodins Sekretär erlebt hatte. So schrieb er am 12. Juli an die Fürstin Thurn und Taxis: »Die Erfahrung an

*»Die Duse war sehr großartig heute, von einer
Traurigkeit, wie Wolken oben sie haben können.«
Rilke im Sommer 1912*

Rodin hat mich sehr schreckhaft gemacht, allem Anders-, allem Wenigerwerden, allem Versagen gegenüber –, denn diese unscheinbaren Verhängnisse, wenn man sie einmal erkannt, sind nur zu überstehen, solang man imstande ist, sie mit derselben Stärke auszusagen, mit der Gott sie zuläßt.«

Doch bald schon konnte er die Hemmungen überwinden, und beglückt stellte er fest, daß bei näherem Kennenlernen eine innere Beziehung zu der Duse immer klarer zutage zu treten schien und man sich auch ohne viele Worte innerlich verstand, wie er der Fürstin im selben Brief vom 12. Juli schrieb: »Wir waren wie zwei, die in einem alten Myster zur Handlung kommen, sprachen, wie im Auftrag einer Legende, jeder sein sachtes Theil. Ein Sinn kam unmittelbar aus dem Ganzen und ging sofort über uns hinaus. Wir waren wie zwei Schalen und bildeten übereinander eine Fontäne und zeigten einander nur, wie viel uns fortwährend entging. Und doch wars kaum zu verhüten, daß wir uns irgendwie über die Herrlichkeit verständigten, so voll zu sein, und vielleicht dachten wir auch im selben Augenblick an den lebendigen senkrechten Strahl, der über uns stieg und fiel (immer noch) und uns so sehr füllte.«[46]

Voller Stolz schrieb Rilke eine Woche später (18. Juli) auch der Freundin Sidonie Nádherný: »Stellen Sie sich vor, eines Tages wünschte die Duse mich zu sehen – und nun wohnt sie hier ganz nah, wir sehen uns fast jeden Tag ein paar Stunden, besprechen Hoffnungen, Pläne, wehmüthige und versprechende Dinge. Sie wissen, wie groß alle Jahre mein Wunsch war, ihr zu begegnen, nun kams ganz von selbst, eine von jenen Fügungen, die unendlich im Recht sind und alles für einen thun, weil man sie von Anfang an für zu groß hielt, um das Geringste für sie thun zu können.«[47]

Nur zu gut verstand die Fürstin Thurn und Taxis Rilkes Begeisterung für die von beiden so bewunderte Künstlerin, ohne aber zugleich die Gefahren für den sensiblen Dichter zu übersehen: »Daß Sie die Duse kennen lernten, freut mich sehr«, schrieb sie ihm am 20. Juli, »ich kann mir Sie gut vorstellen, ganz verzückt natürlich, die Frau ist geschaffen, um einen Dichter zu begeistern. Mit jedem Wort von ihr klingen so viele Saiten mit, nahe und weite in Zeit und Raum, d'Annunzio hatte es tief empfunden, aber die Saite riß [...]. Aber wie beneide ich Sie, oder vielmehr, wie gerne möchte ich Ihnen beiden zuhören! Seien Sie so nett, Dottor Serafico, und schreiben Sie mir recht oft darüber!« Im selben Brief bot sie ihm aus ihrer Besorgnis heraus in ihrer taktvollen Weise zugleich ihre Hilfe an: »Ich kann nur zuschauen und Ihnen sagen: wenn Sie mich brauchen, rufen Sie mich!«[48]

Bei den täglichen Besuchen und gemeinsamen Gondelfahrten waren die Duse und Rilke des öfteren in der Gesellschaft des Schauspielers Alexander Moissi, der sich zu jener Zeit ebenfalls in Venedig aufhielt. Im Auftrag Max Reinhardts sollte er versuchen, die Duse zu einem erneuten Auftreten zu bewegen. Sein temperamentvolles Verhalten wirkte befremdend auf den zurückhaltenden Rilke: »Hier trat Moissi bei mir ein, plötzlich, von der Duse kommend, ich wußte, sie erwartete ihn schon gestern; er stürzte, drang, brach herein, erst meinte ich, es wäre sein Tempo, ein inneres, unbedingtes, nun aber, nun fürcht ich fast, es ist das Tempo reinhardscher [sic] Entreprisen. Mein Gott, wie ist er Akteur geworden.« (12. Juli)

Ohne Zweifel sah Rilke etwas Schicksalhaftes in seiner Begegnung mit der Schauspielerin zu einem Zeitpunkt, als sie ihn dringend zu brauchen schien, wie er der Fürstin in seinem Brief vom 20. Juli schrieb: »Ich sehe die Duse viel und freundschaftlich; sicher, sicher es war keine Spur Zufall darin, daß wir einander jetzt begegnet sind, sie wie ich[49] irgendwie im Übergang, abwartend, zögernd fast, vielleicht,

vielleicht (wer darf es sagen?) schon wieder wollend mit dem alten Willen. Für mich ists viel und sie behauptet, ich wäre im Augenblick eine Art Beistand für sie –: jedenfalls, sehend, daß sie's nöthig hat, thu ich alles, es wenigstens im geringsten zu sein, wunderlich vorbereitet, das, was sie durchmacht, zu fühlen, einzusehen, fast vorauszuwissen.«

Rilke war beeindruckt von dem Lächeln der Duse, »sicher eines der berühmtesten, die je gelächelt worden sind, ein Lächeln, das keinen Raum braucht, das nichts widerruft, nichts verdeckt, durchsichtig ist wie ein Lied und doch so voll hinzukommenden Wesens, daß man versucht ist, aufzustehn, wenn es eintritt«. (12. Juli) Und doch konnte er eine gewisse Enttäuschung nicht verbergen: daß nämlich die einst so anmutige Schauspielerin viel von ihrer schlanken Schönheit eingebüßt hatte und daß ihre äußere Erscheinung von den Folgen eines seit ihrer Jugend immer wieder auftretenden Lungenleidens und den Enttäuschungen in ihrem Leben zu ihrem Nachteil geprägt worden war: »Feig wie ich jetzt bin, wagte ich kaum, sie anzusehen; es bereitete mir eine Art Schmerz, sie so breit und robust zu finden, dieser verstärkte Körper, wie eine Fassung, aus der schon einmal der Stein gefallen ist. Die Furcht, eine Entstellung zu sehen oder einfach etwas, was nicht mehr da ist, hat Schuld, daß ich fast nur den Mund erinnere, diesen schweren Mund, der aussieht, als ob nur noch uneigenes, theilnahmsloses Schicksal ihn bewegen könnte, wie für gewisse Schwerter der Held kommen muß, der Halbgott, der sie hübe.« (12. Juli)

Noch etwas anderes beeindruckte Rilke in jenen Juli-Wochen in Venedig: die Schwermut der Duse, die in jeder ihrer Gesten lag, eine Stimmung, die sich allmählich immer stärker auch auf ihn übertrug. So berichtete er der Fürstin: »Die Duse war sehr großartig heute, von einer Traurigkeit,

Eleonora Duse in der Zeit ihrer Begegnung mit Rilke,
1910

wie Wolkenbildungen oben sie haben können, man legts traurig aus, aber im Grunde ists doch nichts als immenser Raum, nicht heiter, nicht trostlos, – groß.« (12. Juli)

Rilke schien deutlich und bewußt die innere Verwandtschaft zwischen sich und der Künstlerin zu empfinden, als er fortfuhr: »aber wir blieben beisammen, ich aß bei ihnen in dem Haus auf den Zattere, es war vertraut voll Freundschaft, voll Nähe und wieder kam lauter Bedeutung aus dem Einfachsten und ging ins Große. Jetzt ists spät, ich schließe damit einen Brief, der sonst ganz anders weitergegangen wäre, so aber vielleicht vollständiger ist, denn heute abend haben wir einander recht ohne Furcht angesehen, Ernst gegen Ernst, Wehmuth gegen Wehmuth: es scheint, wir können einander nicht schaden.« (12. Juli).

In seinem Brief vom 23. Juli 1912 aber deutete Rilke der Fürstin Thurn und Taxis gegenüber eine gewisse Belastung an, die das Zusammensein mit der Duse ihm auferlegte: »Ich bin viel bei meiner großen Nachbarin, es ist jeden Abend für mich gedeckt, ich kann immer kommen und es ist selbstverständlich, daß ich komme. Sie ist herrlich, die menschlichen Dinge größer ausdrückend als irgend ein Einzelner; sie will sich nicht verständlich machen, sie fängt die Geste beim Verstandensein an und geht weiter. Wir gebärden uns, sagen halb, nach und nach, bereuen, nehmen zurück, versuchens von vorne: sie sagt, zeigt, weigert sich zu zeigen, und es ist von Anfang an Eines, das Ganze, endgültig, in einer höheren Ordnung, wie im Fronton[50] des Tempels. Welche Herrlichkeit und welche Vergeudung. Kein Dichter in der ganzen Welt, und sie geht vorüber. Niemand hat so viel nöthig gehabt. So vergrößert sie ohne Szene, ohne Werk, das tägliche, das unverarbeitete Leben; das klein, das rasch, das vorläufig Geschehende kommt in ihrer Haltung zu sich, über sich hinaus, erschräke vor sich selber, könnt es sich dort sehen, bliebe, stünde, verginge nicht mehr. Und sie bleibt tragend, hinhaltend, unerleichtert, überladen, weil nie Zuschauer genug da sind, die Fülle des Auftritts ihr abzunehmen; sie ist jeden nächsten Augenblick wie ein schon wieder reifer Weinberg, man müßte immer wieder Tausende von Taglöhnern hinschicken unter die Last der Trauben.«

Wie Katharina Kippenberg mitteilte, hatte Rilke ihr gegenüber das Wesen der Duse zu jener Zeit treffend charakterisiert: »Er hat oft gesagt, ihre Größe, ihr Sinn und Gesetz bestünden darin, daß sie keine, eben keine Schauspielerin wäre, in der Bedeutung also etwa, daß das Leben und alle Schwere, die sie darin fand, unmittelbar aus ihr herausflutete, als beinahe nebensächlichen Anlaß die Figuren gebrauchend, in denen sie auf der Bühne stand. Sollte sie nun auch keine Schauspielerin sein, in diesem besonderen Sinne nicht, so war sie doch von einem ungeheuren Theater immer umgeben und stand in einem Tumult von Leidenschaften, Wünschen, Szenen und Szenenwechseln. Um keinen Thespiskarren konnte es bunter hergehen. Aber die bewegtesten Auftritte stellte sie selbst her.«[51]

Drei Jahre zuvor hatte sich die nunmehr 54jährige Duse vorläufig, wie es damals hieß, von der Bühne zurückgezogen. Nun aber litt sie ohne Zweifel zunehmend darunter, daß ihr das Echo, die Verehrung des Publikums, die sie so nötig hatte, fehlten. Die Hoffnung auf eine Rückkehr zum Theater setzte sie in dieser Zeit auf ein Drama, das ihre Freundin Cordula Poletti unter ihrer Anleitung für sie zu schreiben versuchte. Es stellte sich jedoch bald heraus, daß die junge Dramatikerin dieser Aufgabe nicht gewachsen war. So führte die Zusammenarbeit der beiden Frauen allmählich zu ernsten Meinungsverschiedenheiten. Besorgt schilderte Rilke der Fürstin am 20. Juli diese wenig schöne

Situation: »Dieser entschlossene, sichere, etwas harte junge Mensch, Frau Poletti, zu dessen Arbeiten sie in zweijährigem vertrautem Umgang eine so reine Überzeugung gewann, daß sie ihre Aufgabe darin sah, ihm zu helfen, macht schwere Tage durch, ringt mit sich und mit ihr und bereitet ihr darüber (wie Jugend ist) die schwersten. Die ganze Hülfe scheint auf einmal ins Unrecht gerückt, ein Aufhalten, ein Ablenken dieser Kraft; die ersten Versuche, eine Aufführung eines der Stücke, das noch nicht ganz abgeschlossen ist, herbeizuführen, haben zu den inneren Unruhen äußere gebracht und, ohne vor der Hand draußen etwas zu erreichen, ist die Arbeit selbst gestört, unterbrochen, völlig im Stocken. Vorwurf und Bitterkeit, Wehmuth und Ohnmacht ist immer mehr zwischen den beiden, beide lähmend, bekümmernd, das, was sie gegenseitig, großmüthig und froh, von einander erwarteten, in Verdacht ziehend, verringernd, herabsetzend; ganz und gar auf beiden Seiten gefährdend.«[52]

Rilke wurde in diese Schwierigkeiten hineingezogen und versuchte zu vermitteln, ohne etwas ändern zu können: »Ich spreche stundenlang mit Beiden, mit dem Einen, mit dem Andern, verstehe, erleichtere für den Moment, komme in den Verdacht, helfen zu können und habe doch nicht das rechte Wort, den entscheidenden Einfall. Bin immer noch der Meinung, daß Mme Poletti jetzt fortgehen müßte [...], aber die Duse selbst drängt weg und hält zurück in Einem, aus Sorge, glaub ich, vorm Alleinbleiben. *Voilà où nous sommes.*« (23. Juli)

Nunmehr schien der geeignete Zeitpunkt für Rilke gekommen zu sein, der Duse sein dramatisches Gedicht »Die weiße Fürstin« zu überbringen, zumal – wie er am selben Tage der Fürstin schrieb – zufällig die Rede auf das vor dreizehn Jahren für sie geschriebene Werk gekommen war.

101

Doch noch immer zögerte Rilke, der zuvor noch die Ansicht der Fürstin »im Hinblick auf die Duse« hören wollte. Bereits am 27. Juli kam die nicht sehr positive Antwort: »Ich habe die ›weiße Fürstin‹ bekommen (tausend Dank) und gelesen, ich denke wohl, daß die D[use] herrlich in der Rolle sein würde, wirklich für sie geschaffen, aber wie wenig Menschen möchten das Stück verstehen, und besonders das Ende, nur angedeutet, verklingend wie ein Traum, möchte der Menge ganz unverständlich bleiben, glaube ich wenigstens. Aber schön ist es, sehr schön.«

Im selben Brief vom 27. Juli warnte sie, die Rilkes Sensitivität nur allzugut kannte, ihn davor, sich in dem Konflikt zwischen den beiden Frauen seelisch zu sehr zu engagieren: »Sie wollen helfen, aber ist da überhaupt zu helfen? Mir ist etwas unheimlich wegen Ihnen.« Wenige Tage später schon konnte Rilke der Fürstin mitteilen, daß beide Frauen aus Venedig abgereist seien. »Es kam ein Moment, da ich zu Ende war, drei, vier Tage völligen Skelettiertseins, als ob Ameisen alle meine inneren Gerüste reinlich ans Licht gebracht hätten«, so beschrieb er am 3. August diese seelischen Belastungen[53], indem er zugleich aber auch den Versuch unternahm, die zwischenmenschlichen Probleme der beiden Frauen zu verstehen: »Soviel ist sicher, die Duse hat viel mit ihr [Mme Poletti] durchgemacht[54] und wird eine Weile brauchen, sich von dieser Lebensgefährtin zu erholen [...]. Es war eine Menge Wasser auf meine älteste Mühle; wie sind die Dinge doch rein, die man in sich selber durchmacht und wie wird zwischen den Menschen das Gutgewollte, das einmal Köstliche, schlecht, schlecht, verdorben, ein Greuel. Welche Trübsal. Dabei war der eine Mensch doch wirklich groß und der andere nur jung, unfertig, turbulent, falsch angefangen vielleicht, ehrlich im Eifer, möglicherweise nicht-anders-könnend, und da, zwischen ihnen bildet sich das Schlechte, woher? wie der Staub überall, aus allem.«[55]

Immer wieder ist in Rilkes Briefen der Wunsch zu lesen, Hilfe zu bringen, ohne zunächst eine Möglichkeit zu sehen: »Ich gäbe viel darum, könnte ich die Duse auf einen frohen Gedanken bringen, bis an den Anfang einer Hoffnung, aber ich seh, ich muß vorsichtig sein, hätte man Kräfte, aber ich hab nur ein Stückchen Kraft, groß wie das Kolophonium für den Fiedelbogen, grade nur brauchbar, um vor dem Spielen ein, zwei Mal drüber hinzustreichen.« (3. August 1912).

Ungeachtet seiner Verehrung stand Rilke jedoch der Künstlerin nicht kritiklos gegenüber, er sah ihre Schwächen deutlich, wie er in demselben Brief an die Fürstin Thurn und Taxis schrieb: »Jetzt nutzt sie sich ab, verwohnt sich den eigenen Körper, ohne andere Stelle, wie sie ist. Im September wollte sie her zurückkommen, aber das Haus, das sie meint, ist nicht gefunden, auch genügt eine halbe Stunde, damit sie eine Wohnung abnutze, sogar der Plafond ist nicht mehr zu brauchen. Es geht eine Unlust, dazusein, in gewissen Momenten von ihr aus, die so penetrant ist, daß den Dingen um sie herum gleichsam die Zähne ausfallen.«

Seinem französischen Übersetzer Maurice Betz berichtete Rilke von einem Vorfall, der sich bei einem Ausflug auf einer der Venedig vorgelagerten Inseln ereignete. Rilke hatte mit der Duse und ihrer Freundin einen Spaziergang unternommen, der plötzlich jäh abgebrochen wurde. Während sich die drei unterhielten, wurden sie durch den gellenden Schrei eines Pfaus erschreckt. Im Gegensatz zu ihren beiden Begleitern, die sich schnell wieder beruhigten, war die Duse derartig verstört, daß sie auf ihren dringenden Wunsch sofort nach Hause begleitet werden mußte.[56] Dieses Ereignis schilderte die Fürstin sehr lebendig in ihren Erinnerungen: »Rilke mit seinem unendlichen Humor konnte manches erzählen, worüber ich bis zu Tränen lachen mußte. Einmal unternahmen sie mit Frau P[oletti] einen Ausflug auf eine der Inseln. Der Tag war überaus schön, die Duse ausnahmsweise in sanfter und heiterer Stimmung. Serafico dankte Gott im stillen; man saß auf dem Rasen, es wurde Tee getrunken und ruhig und friedlich geplaudert. Nach langen verzweifelten Tagen endlich ein wenig Ruhe! Aber das böse Geschick lauerte in der Gestalt eines hinterlistigen Pfauen, der sich leise, unbemerkt, der kleinen Gesellschaft näherte. Und plötzlich stieß er einen markdurchdringenden Schrei aus, gerade vor den Ohren der Duse. Wie vom Blitz getroffen, an allen Gliedern zitternd, in fürchterlichster Aufregung schnellte diese auf; es war eine Tragödie. Frau P. und der arme Rilke, der sich aus irgendeinem Grunde verantwortlich fühlte, wußten nicht, was sie zur Beruhigung anfangen sollten. Der Tee, die Bäckereien, alles wurde im Stich gelassen – nur weg von dieser verhexten Insel, weg von diesem Unglücksvogel, sofort nach Hause – niemanden mehr sehen, niemanden hören, nie mehr ausfahren. Weg von Venedig, dieser Unglücksstadt! Das war das Ende der schönen Ausflüge! Serafico aber fühlte sich irgendwie solidarisch mit dem Pfau, der soviel Unheil angerichtet hatte. Voller Gewissensbisse kehrte er zurück, und sicher fand er in der folgenden Nacht keine Sekunde Schlaf.«[57]

Plötzlich, gänzlich unerwartet, konnte die Duse in eine tiefe Depression, die typisch venezianische Smara, verfallen, die sich auf den Dichter übertrug und ihn zu zerstören drohte. So berichtete die Fürstin in ihren Erinnerungen auch von der Sorge Rilkes um die Duse, die eines Tages, nach einer erregten Auseinandersetzung mit ihrer Freundin, spurlos verschwunden war. Ohne Erfolg suchte man sie überall. »Rilke war krank vor Aufregung. Am nächsten Morgen war die Duse wieder da. Sie hatte sich nach Murano oder Chioggia geflüchtet. Halb lachend erzählte mir mein Bruder, Rilke habe ihm gestanden, daß er jeden Morgen in den Spiegel sehe, um festzustellen, ob er nicht über Nacht weiße Haare bekommen habe.«

Von einer anderen halb tragischen, halb komischen Episode jener Zeit erzählte Rilke später seinem französischen Übersetzer Maurice Betz: Eines Tages habe sich eine Fliege in den Vorhängen von Duses Zimmer verfangen. Die Duse litt unter dem lauten Summen derart, daß alle Anwesenden sich auf die Suche begeben mußten. Die Fliege aber sei unauffindbar geblieben. Einmal habe sie sich für eine Weile still verhalten, aber dann habe das Summen aus einer dunklen Ecke des Raumes wieder eingesetzt und eine hysterische Reaktion der Duse hervorgerufen. Sie glaubte, »eine Art gigantische Spinne« zu sehen, »die den ganzen Himmel verfinsterte«[58], und war einer Ohnmacht nahe. Sie floh aus dem Zimmer und ließ sich an jenem Tag nicht mehr sehen.

Wenn Rilke auch die komische Seite solcher Ausbrüche durchaus sah, so waren sie für ihn doch eine starke nervliche Belastung. Zugleich aber wurde er sich immer stärker bewußt, daß die Duse auf Grund ihres Temperaments auch unbedeutende Ereignisse des täglichen Lebens ins Dramatische steigern mußte, sicherlich um so mehr zu dieser Zeit, da sie sich vom Theater zurückgezogen hatte.

Angesichts all dieser Aufregungen und Zwischenfälle nimmt es nicht wunder, daß nicht mehr über Rilkes dramatisches Gedicht gesprochen wurde, zumal eine Übertragung ins Französische oder Italienische erforderlich gewesen ware, da die Duse der deutschen Sprache nicht mächtig war. In seinem Brief an die Fürstin vom 3. August berichtete Rilke: »Von der weißen Fürstin war zum Glück nicht mehr die Rede, für mich ist sie so abgethan und entlegen, es wäre der pure Anachronismus gewesen, sie in irgendeinem Sinn wieder vor sich zu haben. Die Duse – wenn es noch nicht zu spät ist – kann nur noch etwas Vollkommenes aufzeigen, ein paar große Zustände mit reinen Übergängen untereinander.«[59]

Fast zwei Jahre später, am 15. Februar 1914, belasteten die Erinnerungen an jene problematischen Tage mit der Duse Rilke immer noch so stark, daß er an die Freundin Magda von Hattingberg schreiben konnte: »Also wir sahen uns oft, ich weiß nicht, im Antrieb uns irgendwie beizustehen, aber es war in jedem von uns soviel Unheil, wenn wirs aufeinanderlegten, so standen wir schließlich oben, wie auf einem, Tag und Nacht gethürmten Scheiterhaufen, in einer reinen aber leblosen Luft, und ob wirs uns gleich nie sagten, so konnten wir doch jeder uns keine Zukunft vorstellen, als höchstens, daß Gott an diesen gramdürren Unterbau die endliche Flamme anlegte, die uns und ihn verschlänge.«[60]

Auch die im Zusammenhang mit seiner Wohnungssuche für die Duse in Venedig im Sommer 1912 entstandenen Probleme blieben Rilke noch lange in lebendiger Erinnerung. Bei einem Besuch Editha Klipsteins bei Rilke im Sommer 1915 kam er – wie sie ihrer Freundin Ilse Erdmann berichtete – auf jene Zeit zu sprechen: Selbst die schönste Wohnung in einem kostbaren venezianischen Palazzo konnte die Duse nicht zufriedenstellen, und ihr Mißfallen steigerte sich zu einer hochdramatischen Szene: Sie wollte in Venedig eine Weile bleiben, und ein Engländer bot ihr im Palazzo Pisani eine Wohnung im dritten Stock an. Er, Rilke, ging mit ihr die Wohnung betrachten. Die Treppe sei bis in den dritten Stock hinauf eine Palasttreppe gewesen. Dieses Schauspiel, die Duse sie hinansteigen zu sehen! Die erste Treppe wie eine Fürstin, die zweite zögernd, etwas asthmatisch, – die dritte wie eine Bettlerin.

Oben habe die herrliche Wohnung sie zuerst wieder belebt. Diese Aussicht, die prachtvollen Möbel, die Kostbarkeiten. Aber dann: Alle Tage diese Treppe steigen! Alle Tage an diesem Tisch sitzen müssen, diese Dinge sehen müssen, diese Aussicht aus den Fenstern!

Und nun habe die Duse die ganze Wohnung verbrannt. Jedes Ding habe sich unter ihrer Melancholie gekrümmt wie ein verbranntes Stück Papier. Nichts sei übriggeblieben. Trostlos sei sie gegangen. Sie nahm die Wohnung nicht, sie blieb nicht in Venedig, sie sei die unglücklichste Frau. Wahrhaft produktiv, und nichts Großes, in das sie sich noch gießen könne.[61]

Rilke führte die Schwermut der Duse darauf zuruck, daß ihr Leben in jener Zeit unausgefüllt war, daß sie darunter litt, weder ein Theater noch ein für sie geeignetes Drama gefunden zu haben, nur um noch einmal – als alternde Schauspielerin – eine neue Karriere zu beginnen: Sie sei außer sich gewesen, daß man sie in Deutschland nicht habe spielen lassen, so wie *sie* es wünschte. Reinhardt habe ihr ungewünschte Rollen aufdrängen wollen. – Jetzt sei sie krank, schwerer geworden als früher. All ihre Produktionskraft sei beängstigend ins tägliche Leben übergegangen, sie habe aus Kleinigkeiten Dramen gemacht, den Himmel sich bewölken lassen, die Sonne scheinen lassen –, oft sei man nach Stunden des Zusammenseins mit ihr wie zerschlagen gewesen.[62]

Sieben undatierte Briefe aus der Hand der Duse an Rilke aus dieser Zeit sowie ein aus München nach ihrer Abreise aus Venedig an ihn gesandtes Telegramm sind erhalten geblieben und befinden sich heute im Rilke Archiv in Gernsbach. In französischer Sprache abgefaßt, geben die hastig hingeworfenen großen Schriftzüge einen Einblick in die Gemütsverfassung der Schreiberin, die auch im täg-

lichen Leben eine zuweilen bis zur Exzentrizität gesteigerte Dramatik nicht verleugnen konnte und wollte.

So schrieb sie auf dem Briefbogen des Grand Hotel Bri-
tannia in Venedig in großen Buchstaben über das ganze
Blatt verteilt und mit Gedankenstrichen und Unterstrei-
chungen versehen die wenigen Worte:

»– Merci –
Heute morgen um elf Uhr werde ich nicht frei sein.
Aber, *morgen* um elf Uhr, wenn Sie können. Ich hoffe es.
                                Eleonora Duse.
                                merci.«[63]

Einer augenscheinlich etwas später abgesandten Nachricht
an Rilke fügte die Duse das Wort »urgente« (dringend) bei,
um dann fortzufahren:

»Montag morgen.
Heute um fünf Uhr (wenn Sie können) werden Madame
Poletti und ich Sie besuchen, um nach Santa Rosa zu
fahren. Eine Stunde Frieden!
                                Eleonora Duse.
                                herzlich die ihre.«[64]

In einem weiteren, ebenfalls undatierten Brief sind die
Worte so angeordnet, daß der Text fast wie ein Gedicht erscheint.

                    »Wenn Sie frei sind
                    morgen
                    um vier Uhr
                    werde ich Sie
                    mit meiner Gondel abholen
                    um nach Santa Rosa

108

Hôtel Continental
Berliner Hôtel=Gesellschaft
BERLIN NW.

Die Handschrift der Duse

zu fahren.
Bis morgen,
Merci
Eleonora Duse
Freitag.«[65]

Wiederholt geht aus den Briefen der Duse hervor, wie groß ihr Bedürfnis nach Ruhe und Frieden war und wie störend Besucher oft auf sie wirkten. In Rilke fand sie sicherlich in dieser Hinsicht volles Verständnis, da auch er sich stets nach Stille und Einsamkeit sehnte. So waren offensichtlich für beide die Besuche von Santa Rosa eine Möglichkeit, sich von den anstrengenden gesellschaftlichen Verpflichtungen zu erholen. In dieser Zeit brachte wohl der theatralische, stets auf Wirkung bedachte Schauspieler Alexander Moissi Aufregung und Spannungen in das Leben der Duse. Die Aussicht darauf, den turbulenten Tag in der Stille von Santa Rosa ausklingen zu lassen, scheint für sie ein Trost gewesen zu sein:

»Ach leider!
Ich habe nicht auf Ihren Brief geantwortet, denn – – – eine Freundin ist aus Berlin angekommen.
    Und Tage ohne Stille.
Heute trifft *Moissi* ein,
        der Schauspieler,
        Deutsch-Italiener.
Sagen Sie es Placci – – –
Er weiß, worum es sich handelt.
Ich bitte Sie, sagen Sie Placci,
daß ich ihn um viereinhalb Uhr erwarte,
wie Sie es mir schreiben.
Und wenn *Moissi* da sein wird, umso besser. Placci

kennt ihn, denn für ihn
bedeutet kennen dasselbe wie leben.
Ich hoffe
mit Ihnen
nach Santa Rosa
zu fahren
nach
diesem Tag.
E. D.«[66]

Durch ihren Beruf zu einem unruhigen Wanderleben von
Hotel zu Hotel gezwungen, sehnte sich die Duse ständig
nach einem eigenen Zuhause. Auch in Venedig wollte sie
nicht immer nur Gast sein, sie hielt intensiv Ausschau nach
einer eigenen Wohnung. Rilke war in dieser Zeit für sie
nicht nur ein gerngesehener Besucher, sondern auch ein
stets zu ihren Diensten stehender Vertrauter geworden. So
ist es kein Wunder, daß er es war, der auf ihren ausdrücklichen Wunsch gemeinsam mit ihr eine angebotene Wohnung besichtigen und begutachten sollte. Die auf eine
Visitenkarte geschriebene und in einem Briefumschlag
gesandte Nachricht hatte Rilke nicht, wie es sonst seine
Art war, vorsichtig mit einem Messer geöffnet, sondern er
hatte den Umschlag in augenscheinlich großer Ungeduld
aufgerissen, um möglichst bald den folgenden Inhalt zu
erfahren:

»Ich bitte, wenn möglich zu telefonieren,
um *morgen* die Wohnung anzusehen. Um wieviel
Uhr? Mit Ihnen? E. D.«[67]

Große Hoffnungen scheint die Duse auf diese Wohnung
gesetzt zu haben, die ihr Ruhe und Frieden bringen sollte,

wie sie in einer kurzen Nachricht an Rilke durchblicken
ließ:

> »Über das Haus
> möge es gut und gesegnet sein.
> Wir kommen *heute abend*
> zu Ihnen
> um
> sechs Uhr.
> Merci
> Eleonora Duse.«[68]

Als wie kompliziert sich aber die Wahl einer passenden
Wohnung herausstellen sollte, wissen wir aus Rilkes eigenen Aussagen. Die Bestätigung seiner Eindrücke scheinen
die Zeilen auszudrücken, die dem Dichter augenscheinlich
nach der Besichtigung einer Wohnung in dem venezianischen Stadtteil Zattere zuging. Ob er die negative Reaktion der Duse wohl geahnt und ihr gleichsam zum Trost Rosen gesandt hatte – das ist nicht zu rekonstruieren, scheint
aber im Bereich des Möglichen zu liegen, wenn man sich die
immer noch tiefe Verehrung und das Verständnis des Dichters für die Schauspielerin vor Augen hält, die ihm diesen
Brief übermittelte:

> »Verzeihung – es gibt keine Umschläge!
> Dank für die schönen Rosen.
> Das Haus ist eine Möglichkeit
> aber *die Straße*
> Des *Zattere*
> ach leider
> ohne Schwalben
> ›hoch oben‹.
> Heute ist es nicht möglich

irgendwohin zu fahren.
Bonne Espérance.
E. D.«[69]

Daß die Abreise der Duse von Venedig schneller als erwartet stattfand, steht wohl außer Frage. Die zwischenmenschlichen Probleme waren allzu zwingend geworden, so daß sie selbst sich nach einer Veränderung sehnte. Sicherlich war diese Entscheidung auch in Rilkes Sinn, so daß er nicht allzu traurig war, als das folgende Telegramm der Duse ihn aus München erreichte, das sie von dort am 31. Juli an seine Adresse im Palazzo Valmarana gesandt hatte, bevor sie sich an den Tegernsee begab:

»Konnte Venedig erst gestern um sechs Uhr
verlassen, nachdem ich Ihnen geschrieben hatte.
Hätte so gern meine heure fixée mit ihnen beansprucht,
aber Müdigkeit durch Kleinigkeiten machten den Mut
unmöglich, Sie noch einmal anzurufen. Gute Grüße,
gute Wünsche. Geben Sie mir morgen Nachrichten
nach
Tegernsee.
Eleonora Duse.«[70]

Rilkes Bemühungen für die Duse
(1913-1914)

Trotz mancher enttäuschender Erfahrungen während des gemeinsamen Venedig-Sommers 1912 war dennoch in Rilke der eine Wunsch zurückgeblieben: alles zu versuchen, um der Duse noch einmal zu dem Ruhm zu verhelfen, der ihr »zustehe«.

Offenbar hatte ihre Sehnsucht nach einer Rückkehr auf die Bühne oft im Mittelpunkt ihrer Gespräche gestanden, und nach wie vor hegte sie große Hoffnung auf ein Gelingen seiner Bemühungen. So heißt es in ihrem kurz vor der Abreise aus Venedig an ihn gerichteten Abschiedsgruß:

An Rainer Maria Rilke

Sie haben mit mir über Kunst geredet und ich habe in Ihrer Gegenwart mit anderen darüber geredet, doch das schöne Paradies der Arbeit ist zu ferne und zu verborgen, als daß man an der Hand der Toren dorthin gelangen könnte.

Hier sagte mir jemand, Sie hätten früher bereits einmal schöne Worte an mich gerichtet, die ich nicht gelesen hätte.

Ich liebe Sie und habe heute mehr Mut, Sie zu grüßen und Ihnen zu sagen: Vergessen Sie mich nicht.

E. D.
Venedig, 7. 8. 12

Nur Sie allein vermögen das Wunder zu vollbringen.[71]

Ein vermutlich auch aus dieser Zeit stammender undatierter Brief der Duse ist offensichtlich ein Beweis dafür, daß sich in den Tagen in Venedig eine enge seelische Beziehung zwischen beiden Künstlern entwickelt hatte:

An Rainer Maria Rilke

Ich liebe Ihre Briefe.
Hätte ich um Ihre Qual gewußt, dann hätte ich meine Abreise verschoben; aber ich war so sehr müde.
Hier
der Regen
der Regen –
der Regen –
Ich liebe den Regen und seinen Gesang, wenn noch Sommer ist.
Hier redet niemand mit mir über die Kunst. Der liebe Nebel aus der Ferne – wie am Meeresstrand.
Schreiben Sie mir manchmal einige Worte für mich hierher, wenn das Herz es Ihnen eingibt.

Eleonora Duse[72]

Bei seiner Rückkehr von einem einmonatigen Duino-Aufenthalt nach München im Herbst 1912 blieb Rilke keine Zeit, irgendwelche Schritte für die Duse zu unternehmen. Bald danach brach er zu einem Winteraufenthalt in Spanien auf, dem eine Zeit in Frankreich folgte (25. Februar bis 6. Juni 1913). Erst am 4. November kehrte er zu seinem Plan zurück, als er an Helene von Nostitz schrieb: »Ich muß [...] immerfort an die Duse denken, ob nicht doch am Ende noch rasch Geld zusammenzubringen wäre in Deutschland, wo jetzt alles durchzusetzen ist, für ein Duse-Theater? Noch, noch, sage ich mir fast täglich, wäre es möglich, heute noch, morgen noch, wie lange noch; vielleicht würde ein wirklicher Ruf, die Nachricht, hier ist ein Theater, das Dir, so wie es ist, ein halbes Jahr gehört, genügen, die Kräfte, die doch noch vorhanden sind, in ihr zusammenzusteigern –: soll sie denn, die soviel Aufgang hatte, vor der schon, da man sie zur Taufe trug, die Wache das Gewehr präsentierte[73], soll sie denn so im Nebel und Rauch untergehen? Es läßt mir keine Ruhe, daß sie irgendwo jetzt die Hand hebt, irgendwo jetzt ihr schmerzhaftes Gesicht jemandem aussetzt, an dem es verloren ist, – und irgendein Thier ein Lächeln lächelt, das wir alle sehen müßten; daß dort an irgendeiner unkenntlichen Stelle beständig Tragik ausfließt aus einem Gefäß, das doch nur umgestürzt und noch nicht zerschlagen ist.«[74]

Ähnlich wie in seinem Werk »Die Aufzeichnungen des Malte Laurids Brigge« betonte Rilke auch ihr gegenüber den Verfall, den er im modernen Theater zu sehen glaubte, um die besondere Bedeutung der italienischen Tragödin und ihrer Kunst hervorzuheben: »Wie sind alle diese Theater voll Spielerei, an der Aufgabe gemessen, an dem Auftrag, mit dem diese Frau beladen geht.«

Rilke setzte seine Hoffnung auf eine Vermittlung zu dem Intendanten der Leipziger Bühnen, Max Martersteig, durch Helene von Nostitz, und empfahl das Ariadne-Drama der Cordula Poletti für einen Neubeginn der Duse. Wie engagiert er seinen Plan verfolgte und darüber geradezu seine sonst so sorgfältige Schreibweise vernachlässigte, geht aus seinen Nachrichten hervor: »Sollte ihr dies nicht bereitet werden, in einer Zeit, wo Mittel und Möglichkeiten so viel bereitschaftlicher und beweglicher dem und jenem zustatten kommen? [...] Es erfüllt mich so sehr diese Tage, daß ich, es aussprechend, nicht mal Zeit habe, meine gewöhnliche Schrift zu schreiben, es ist hinter meiner Feder her –, aber Sie werdens schon lesen können und (fühl ich) auch verstehen. Gott weiß, warum ich davon auf einmal so getrieben bin.«

Als ein weiteres geeignetes Theaterstück schwebte Rilke ein französisches Mysterienspiel aus dem Mittelalter vor, »Mystère de la passion«[75] der Brüder Arnoul und Simon Gréban, in dem er die Rolle der Maria als Inbegriff der leidenden Frau von der Duse gespielt sehen wollte.

Erst mehr als zwei Monate später, am 14. Januar 1914, ging Helene von Nostitz auf Rilkes Bitte ein, und ihre Antwort fiel negativ aus: »Ich möchte Ihnen noch sagen, daß ich so sehr die Notwendigkeit und Schönheit Ihres Wunsches der Duse gegenüber verstand. Ich kann auch die Tragik einer solchen Verschwendung unendlich schmerzlich empfinden. Mit Martersteig und verschiedenen Leuten habe ich gesprochen. Aber leider ganz ohne Erfolg – besonders Martersteig war ganz ohne Mitklang.«[76] Resigniert antwortete der enttäuschte Rilke am 23. Januar 1914: »[. . .] daß nichts zu machen sein würde, sah ich voraus.« Auch Max Reinhardt, an den sich die Duse selbst schon gewandt hatte, zeigte sich nun an einem Neubeginn ihrer schauspielerischen Laufbahn uninteressiert. Und doch gab Rilke noch immer nicht auf. Als nächstes versuchte er, den ihm damals persönlich noch unbekannten österreichischen Diplomaten und Mäzen Baron Philipp Schey von Koromla für sein Projekt zu gewinnen. Mit bewegten Worten schilderte er ihm am 24. Januar 1914 seine Sorge um die alternde, aber dennoch faszinierende Schauspielerin, die der Welt noch so viel zu geben habe und die sich danach sehne, noch einmal ihr Publikum zu bezaubern: »Es werden im kommenden Sommer zwei Jahre sein, daß ich Frau Duse in Venedig ziemlich viel sah, und gerade in jene Wochen fielen gewisse Unterhandlungen mit Reinhardt, die von ihr selbst waren eingeleitet worden, indem der Wunsch in ihr dringend geworden war, noch einmal aufzutreten [...]. Wir verlebten einen unvergeßlichen Nachmittag, wo sie alle Aussichten auf ihrer Seite zu haben schien, und wir mußten es schließlich durchmachen, wie diese Hoffnung in jedem von uns abstarb, in Frau Duse zuletzt, obwohl sie sie scheinbar am schnellsten aufgab.«[77]

Rilke war überzeugt, daß die Aussicht auf eine erneute schauspielerische Betätigung der Künstlerin bei ihrer derzeitigen angegriffenen Gesundheit neuen Lebensmut geben würde: »Las nun hier in den französischen Blättern«, so fuhr er in seinem Brief an Baron Schey fort, »von ihrer Erkrankung und, wie es scheint, langsamen Wiedergenesung in Viareggio –, das alles ist gleichgültig: aber sooft ich in all der Zeit ihres Wesens gedachte und dann auch gleich in meinem ganzen Innern erschüttert und überwältigt dastand von der Erinnerung an sie und Hoffnung zu ihr: war es mir eine Not, mir vorzustellen, daß am Ende eines Tages jener Wunsch, noch einmal eine Bühne zu erfüllen, in der mühsam Leidenden aufkommen könnte und wieder (wie damals) durch ein Zögern, durch ein zu bedingtes Zugreifen der angeredeten Vermittler unverwirklicht hingehen könnte –, einen Verlust verschuldend, der mir jetzt, wenn ichs bedenke, so namenlos scheint, daß ich seit Monaten mich frage, wie ihm etwa zuvorzukommen wäre.«

Nach wie vor blieb die Einrichtung eines eigenen Theaters für die Duse Rilkes sehnlicher Wunsch: eine Bühne, die ganz nach ihren Wünschen gestaltet werden und ihrer Kunst gewidmet sein sollte: »Ließe sich nicht in einem Kreise von Verständigten« – so fragte er bei Baron Schey an – »ein Aufgebot von Mitteln bereithalten, ein Theater mit allem, was dazu gehört, das von heute auf morgen der großen Schauspielerin könnte bereitgemacht werden, wenn

»*Ich liebe Ihre Briefe.*« *Eleonora Duse um die Zeit*
des Ersten Weltkriegs an Rainer Maria Rilke

die Kraft und Überzeugung, gegen uns über noch einmal heraufzutreten, in ihr mächtig wird? Ich erinnere mich ihrer Worte, ›bien armée et tranquille‹ gedachte sie noch ein Mal eben nur hinzuschreiten durch jene ihr im Erhabenen sichtliche Welt, hinzuschreiten (ich fühlte, sie meinte: unterzugehen, ob sie es gleich nicht so sagte –), und in der Tat, soll sie, die dort doch aufging, durch einen unscheinbaren Untergang im umwölkten Leben uns entzogen werden?«

Indem Rilke zugab, sich der Schwierigkeiten eines solchen Unternehmens voll bewußt und in den damit verbundenen praktischen Problemen unerfahren zu sein, unterstrich er noch einmal die Dringlichkeit seines Vorschlags angesichts der Größe dieser Schauspielerin, »die, mag sie nur einem Freund das vom flüchtigsten Gefühl gesteigerte Gesicht zukehren, schon mehr Ausdruck aufbringt, als Tausende zu fassen vermöchten, und von welcher nun fortwährend (wie lange noch?), ungesehen umsonst, die darstellendste Bedeutung in den Luftraum entweicht und hinüberschwindet.«

Es scheint, daß von Scheys Antwort Bedenken enthielt, die sich nicht nur auf die finanziellen Schwierigkeiten, sondern vor allem auch auf die gesundheitlichen Probleme der Duse bezogen. Überzeugend jedoch betonte Rilke in seinem Brief vom 15. Februar 1914 die Nichtigkeit dieser Einwände, indem er das Schicksal der Duse mit demjenigen Chopins verglich: »Und mir brennts noch, nach fast zwei Jahren, im Gemüt, als hätte ichs miterlebt, daß (wen soll ich nennen?) Chopin, todkrank, noch einmal verlangt hätte zu spielen, *verlangt, verlangt,* als wollte er seine (nächstens nicht mehr unsrige) Seele hinüberführen, die ersten Schritte, in eine ewige Welt – und es wäre kein Flügel dagewesen, und man hätte nur verhandelt und anschließend ausbedungen: gut, du sollst ihn haben, aber dann spielst du uns vorerst...

das und dies. Verzeihen Sie meine Bitterkeit, *aber das war bitter* und kann in alle Ewigkeit keinen milderen Geschmack annehmen.«

Der Gedanke, die Duse in der Rolle der Mater dolorosa in dem Passionsspiel auf der Bühne zu sehen, nahm – allen Widerständen zum Trotz – immer stärkeren Besitz von Rilke. Unermüdlich versuchte er, Freunde für seinen Plan zu gewinnen. So wandte er sich auch an die mit der Duse befreundete in Berlin lebende Pianistin Giulietta von Mendelssohn ebenso wie an den gemeinsamen Freund Carlo Placci, den er am 13. März 1914 bat, der Duse bei seinem nächsten Besuch über seine Bemühungen zu berichten und ihr zu sagen, »daß ich, was sie anbetrifft, meine Ansichten nicht geändert habe, daß die Tage in Venedig mir unvergeßlich und teuer bleiben in ihrem ganzen traurigen Reichtum, nur daß ich so viel Mühe habe, mich selbst durchzubringen«.[78]

Bereits am 7. März 1914 hatte Rilke Philipp von Schey über seinen Aufenthalt in Berlin und sein Gespräch mit Giulietta von Mendelssohn unterrichtet und ebenso über seine Hoffnung, in ihr eine Art Mitkämpferin gefunden zu haben. Einen Monat später konnte er von Schey mitteilen, daß zu seiner Freude die Duse auch von anderer Seite auf das Passionsspiel hingewiesen worden sei und sie sich – inzwischen wieder genesen – sehr interessiert an der Rolle der Maria gezeigt habe.

Auch Rilkes Freund und Gönner Karl von der Heydt war Anfang Juni 1914, zuerst mündlich und bald darauf schriftlich, ausführlich unterrichtet worden über Rilkes »Besessenheit«, die Duse noch einmal in der Rolle der »schmerzhaften Mutter der Passion«[79] zu wissen. Anknüpfend an die Erinnerung an den gemeinsamen Theaterbesuch in Paris[80], schilderte Rilke ihm in seinem Brief vom 1. Juni 1914 das

Interesse der Duse an dem »wunderbaren Werk«, das sie mit starker Gefühlsbewegung gelesen habe: »Die Duse, die wohler und ausgeruhter scheint als seit langem, hat sich mit Staunen und Sturm an diese Vorschläge angeschlossen, ich weiß noch nicht, was weiter daraus hervorgehen kann, jedenfalls liest sie jetzt die Passion und liest sie in einer zu dem wunderbaren Werk aufgeregten Verfassung.«[81]

Keineswegs verschwieg Rilke von der Heydt gegenüber die mit seinen Plänen verbundenen Probleme: »Das Unmögliche scheint nicht unmöglich, von ferne allerdings noch, und allerhand Schwierigkeiten gegenüber, die man sich nicht groß genug vorstellen kann. Dies alles sag ich Ihnen im *größten* Vertrauen, lieber Freund, und kann auch noch gar nicht über die Schritte sprechen, die etwa zu versuchen wären, in dem Falle, daß Mme Duse wirklich eine mehr als momentane Begeisterung für diese phantastischen Möglichkeiten aufbringt.«

Karl von der Heydt hatte am 30. Mai 1914 bei Rilke angefragt, ob dieser gewillt wäre, die Arbeit einer Übersetzung und bühnengerechten Bearbeitung auf sich zu nehmen. Auch Max Reinhardt hatte ihn darum gebeten. Doch Rilke fühlte sich dieser Aufgabe nicht gewachsen, wie er in demselben Brief an Karl von der Heydt schrieb: »Ich bin nicht der Rechte, dieses Werk (oder die Nativität) für die Bühne einzurichten, denn darauf käme es, neben der Übertragung, doch noch viel mehr an, daß einer, der im Szenischen erfahren ist, das alte Werk, jedenfalls auf den umfänglichen Urtext (der in der ersten Ausgabe, die Gaston Paris seinerzeit gemacht hat, vergriffen ist) zurückgehend, sozusagen resolut auf deutsche Füße stellt.« Dagegen schlug Rilke den deutschen Dramatiker Ernst Hardt oder aber den österreichischen Schriftsteller Max Mell oder möglicherweise Franz Werfel vor, der ihm hierfür besonders geeignet erschien.

Trotz all dieser Bemühungen aber blieben Rilkes Pläne erfolglos. Viele Jahre später erinnerte sich Rilkes Freundin Magda von Hattingberg an eine Äußerung des Dichters während eines gemeinsamen Aufenthaltes in Venedig im Mai 1914, aus der die Enttäuschung über das Nicht-Gelingen seiner Pläne hervorgeht: »[...] in diesem Garten hier habe ich einen Brief geschrieben in Sachen der Duse, zu dem mich nichts bestimmte als die rastlose Unruhe, ihr irgendwo ein Theater offenzuhalten für den Fall, als sie noch einmal imstande sei, aufzutreten. Ich hab's durchgelitten, daß sie noch einmal spielen wollte [...] Der Augenblick ging vorüber [...] weil die paar Leute, die's hätten ermöglichen können, verhandelten statt zu handeln, weil niemand recht zu griff . . .«[82]

Zu Rilkes Erstaunen erreichte ihn im Sommer 1914 die Nachricht von Helene von Nostitz, daß die Duse die Absicht habe, seine »Marienlieder«[83] als Nonne verkleidet vorzutragen, und italienische Übersetzungen[84] erbäte. Aus seiner Antwort vom 17. Juli 1914 geht hervor, daß er diese Pläne keineswegs ernst nehmen konnte, zumal er ja auch die Hoffnung hegte, die Duse statt als Vortragende wieder als Schauspielerin auf der Bühne zu erleben: »Die Absicht der Duse, die ›Marienlieder‹ in Nonnenkleidern zu sprechen, wird wohl nur eben ein Einfall und längst wieder vergessen sein –, vermuth ich, wünsch ich fast: denn auf den ersten Blick ist mir die Sache nicht eben sehr sympathisch, eher eine Spur dilettantisch nimmt sie sich aus und rathlos, da doch, – wenn sie überhaupt kann und will – ungleich höhere und unmittelbarere Aufgaben zu finden wären. Denkt sie daran, statt zu spielen (worauf ich immer noch hoffe) zu lesen, was wäre da nicht alles und wie schön und natürlich könnte sie's in ihren Kleidern thun. Nicht? irr ich mich?«[85]

Sehr schmerzlich war für Rilke die Tatsache, daß zu Be-

*Die Duse in späteren Jahren: Rilkes Anteilnahme an
ihrem Leben und Wirken ist nicht erloschen.*

ginn des Ersten Weltkriegs sein Pariser Atelier von den französischen Behörden beschlagnahmt und sein gesamter dortiger Besitz versteigert worden war. Verzweifelt über diesen Verlust schrieb er am 17. September 1915 an Sidonie Nádherný: »Alle meine Sachen in Paris sind fort, d. h. ungefähr mein ganzes Eigentum, das sich seit zwölf Jahren um mich angesetzt hat und die paar (noch kamenitzer) Erbstücke dazu, alles: hunderte von Büchern, Schriften, alle Correspondenzen, Briefe Rodins, der Duse... das ist die Richtung, in der ich gar nicht weiter denken darf, denn dort wirds schmerzhaft.«[86] Erst bei seinem Pariser Aufenthalt 1925 fanden sich bei seinem Verleger Gaston Gallimard einige durch André Gide gerettete Kisten mit Papieren, darunter auch ein Brief der Duse.[87]

Erneut Kontakt mit der Schauspielerin zu suchen, lag Rilke in den Schweizer Nachkriegsjahren fern. So traumatisch war die Erinnerung an die problematische Begegnung in Venedig im Sommer 1912 gewesen, daß der Dichter 1920 bei einem Aufenthalt in Venedig (vom 11. Juni bis 13. Juli) die Stadt eiligst verließ, als ihn die Nachricht ihrer Ankunft erreichte. So berichtete er der Freundin Lou Andreas-Salomé am 31. Dezember 1920: »Als ich zu allem Überfluß erfuhr, die Duse sei angekommen, krank, um in Venedig Wohnung zu suchen, da schien mir, daß auch nun dieses sich wiederholen sollte, so fürchterlich, daß ich von einem Tag zum anderen davonreiste und zurück in die Schweiz.«[88]

Trotz allem jedoch war Rilkes Anteilnahme am weiteren Leben und Wirken der Duse alles andere als erloschen. Im Gegenteil: aus der Ferne verfolgte er mit großem Interesse ihre endlich wieder aufblühende Karriere. Seine Erinnerungen an die Begegnung mit der Künstlerin blieben in ihm stets lebendig, wie aus einem während seines letzten Venedig-Aufenthalts an Nanny Wunderly-Volkart geschriebenen Brief vom 22. Juni 1920 hervorgeht: »Und draußen kommt eine schöne edle Gondel heran, mit drei Ruderern, auf demselben Weg, den die Duse täglich hier herüber einbog. «[89]

Duses letzte Jahre und Rilkes Erinnerungen
(1916-1926)

Der Film als neues Medium übte seit langem eine Faszination auf die Duse aus. So war sie – wenn auch nach anfänglichem Zögern – bereit, im Jahre 1916 in dem auf einem Roman der späteren Nobelpreisträgerin Grazia Deledda basierenden Film »Cenere« (Asche) die wichtige Rolle der Mutter des Helden zu übernehmen. Obgleich der 1917 zur Aufführung gelangte Film kein Erfolg wurde, hätte die Duse gern an weiteren Filmprojekten teilgenommen, doch machten die Ereignisse des Ersten Weltkriegs alle diesbezüglichen Pläne zunichte.

Anfang 1921 aber entschloß sie sich, nach mehr als zehnjähriger Abwesenheit vom Theater, ihre Bühnenlaufbahn wiederaufzunehmen. Am 5. Mai 1921 trat sie in Turin, wo sie sich besonders heimisch fühlte, in der Rolle der Ellida in Ibsens Drama »Die Frau vom Meer« auf. Der Abend wurde ein großer Triumph für sie. Viele alte Verehrer, aber auch besonders junge Leute kamen, um ihr einen begeisterten Empfang zu bereiten. Ein Augenzeuge, Edouard Schneider, Freund und Biograph der Duse, berichtete: »Hochrufe und Blumen flogen ihr zu, einstimmige Dankbarkeit, aller Augen waren naß; die Menge hatte begriffen, welch ein Kleinod ihr da zurückgegeben war.«[90]

Ermutigt durch ihren Erfolg trat sie im Dezember 1922 zum ersten Mal in dem auf ihren Wunsch für sie geschriebenen Stück »Così sia« (So sei es) auf, einem Drama, mit dem es eine eigene Bewandtnis hatte. Sein Verfasser war kein anderer als der mit der Duse befreundete Herzog Tommaso Gallarati-Scotti, der Ehemann von Aurelia Cittadella, die Rilke gemeinsam mit ihrer Kusine Pia di Valmarana bei seinem Aufenthalt in Venedig im Sommer 1912 des öfteren im Salon der Familie Valmarana getroffen hatte. Im Spätherbst 1921 schrieb die Herzogin Aurelia Gallarati-Scotti, der alten Vorkriegszeiten eingedenk, an Rilke, der sich seit Juli 1921 an seinem letzten Wohnsitz, dem Château de Muzot bei Sierre im Wallis, aufhielt. Eine lebhafte Korrespondenz entwickelte sich, in der auch Eleonora Duse häufig eine Rolle spielte. Die einstigen Gefühle der Bewunderung und Verehrung wurden erneut in Rilke lebendig, als er am 23. Januar 1923 an die Herzogin schrieb: »Die Duse! Es ist lange her, seit ich ihren Namen geschrieben habe, aber nur ihn zu lesen ruft in mir einen so unumstößlichen Glauben an ihre Kunst wach, und so viele Erinnerungen! Indem ich an sie dachte, fragte ich mich bisweilen, warum alle diese fernen Gottheiten, alle diese uns wenig bekannten Helden unsern Sternenhimmel füllen; warum sollen wir nicht ihr unübertroffenes Mienenspiel, das uns so beeindruckte, und ihr siegreiches Dasein verewigen, indem wir einem jener milden, traurigen und starken Sternenbilder *ihren* Namen geben, Sternenbilder, die ihrerseits dort oben das aussagen, was über uns hinausgeht?«[91]

Kaum hatte die Herzogin Rilke das tief religiöse Werk ihres Mannes zugesandt, in dessen Mittelpunkt die Duse in der Gestalt der leidenden Mutter steht, als er noch am selben Abend nach dessen Lektüre sich voller Begeisterung äußerte: »Ich habe es laut, mit ununterbrochener Aufmerksamkeit gelesen, indem ich mich mehr und mehr der traurigen Stimmung unterwarf, die davon ausgeht. Wie sehr verstehe ich, daß Sie es lieben, dies Werk einer glühenden und reinen Überzeugung! Und wie sollte man dabei nicht an die Duse denken! Wie sehr gern möchte ich diese unvergleichliche Trauer ihrer Stimme, ihres Körpers und ihres Herzens

Le Chalet de Muzot zur Zeit Rilkes

noch einmal erleben!« Bei der Premiere in Rom im Dezember 1922 fand Gallarati-Scottis Stück allerdings keinen Anklang beim Publikum.

In diese Zeit – Ende 1922, also kurz nach seiner Machtübernahme – fiel die Begegnung der Duse mit Mussolini, einem großen Verehrer ihrer Kunst, der sie in ihrem Hotel in Rom aufsuchte. Als er ihr später eine lebenslängliche Rente anbot, lehnte sie jedoch ab; ihre Sehnsucht war und blieb ein eigenes Theater, ein Wunsch, den auch Mussolini ihr nicht erfüllte. Gastspiele in London und Wien folgten 1923, bis die Duse sich entschloß, noch einmal – zum dritten Mal in ihrem Leben – eine Tournee durch die Vereinigten Staaten bis nach Kuba zu unternehmen, bei der sie mit ungewöhnlich hohen Gagen rechnen konnte. Da sie in der Kriegs- und Nachkriegszeit ihr gesamtes in Deutschland verwaltetes Vermögen eingebüßt hatte und sich immer häufiger in finanziellen Schwierigkeiten befand, zwang sie sich noch einmal, die Mühen einer solchen Gastspielreise auf sich zu nehmen: »Ich muß abreisen, nach New York – ich muß, aber Gott weiß, welche Angst mich quält. Doch ist es vielleicht die letzte Anstrengung, und meine Seele wird Frieden finden, wenn ich durchhalte bis zum Ende«[92], schrieb sie kurz vor der Abreise an ihre Tochter.

Am 29. Oktober 1923 trat sie in der Metropolitan Opera in New York mit großem Erfolg als Ellida in Ibsens Drama »Die Frau vom Meer« auf. Aber auch d'Annunzios »La Città morta« stand wieder auf ihrem Programm, ebenso wie Gallarati-Scottis »Così sia«, das in New York – im Gegensatz zu Rom – eine positive Aufnahme fand.

Mit ihrer Truppe überquerte die Duse in der Eisenbahn den weiten Kontinent, und bisweilen konnte sie nur mit äußerster Willenskraft ihrer Erschöpfung Herr werden. Von San Francisco aus schrieb sie ihrer Tochter: »Vielleicht

Triumph in New York: Die Duse in der Metropolitan
Opera, wenige Wochen vor ihrem Tod

habe ich genug gelitten, um sagen zu dürfen, daß ich hoffe, Dich wiederzusehen [...]. Von Januar an, den ganzen Februar hindurch, war das Leben hart [...]. Laß uns hoffen, hoffen miteinander zu sprechen! Von hier aus wird ein langer Weg bis New York sein [...]. Ich hoffe, die Kraft zu haben, alles zu tun, und Dich wiederzufinden.«[93]

Diese Hoffnung erfüllte sich jedoch nicht: die mit dieser Reise verbundenen Anstrengungen und klimatischen Belastungen waren zu groß für ihre stark angegriffene Gesundheit. Am 5. April zog die Duse sich in Pittsburgh eine Lungenentzündung zu, die zwei Wochen später ihren Tod herbeiführte.

Über die letzten Tage ihres Lebens berichtete eine ihrer Betreuerinnen, Maria Avogadro: »Der Gesundheitszustand der gnädigen Frau hatte sich bis nach Kalifornien recht gut gehalten, aber die Rückreise von Los Angeles nach Detroit war sehr anstrengend für sie. Die langen Reisen, der häufige Klimawechsel und vor allem der furchtbare Eindruck der Prärie längs der Eisenbahn, dem ihr Gemüt nicht gewachsen war. Die Arbeit fing an, auf ihr zu lasten. Sie mochte die amerikanischen Städte gar nicht, des rauhen Klimas wegen und sehnte sich nach dem Ende der Reise und nach ihrer schönen italienischen Sonne. Am 5. April spielte sie im Syria Mosque Theater in Pittsburgh.[94] Sie spielte mit dem heißen Wunsch, bald zu einem Ende zu kommen. Im letzten Akt hat sie das Wort »Sola« so erschütternd gesprochen, wie es nie zuvor jemand aus ihrem Munde gehört hatte; ihren Freunden, die dabei waren, ging es durchs Herz.«[95]

Je mehr ihre Kräfte nachließen, desto dringender wurde ihr Wunsch, nach Italien zurückzukehren. Maria Avogadros Bericht zufolge war sie überzeugt, daß die Heimreise nahe bevorstand. Noch zwei Tage vor ihrem Tod habe sie gesagt:

»Oh! ich möchte heimkehren in ein Kloster und Ruhe haben, Frieden! Das Leben ist fürchterlich, ich habe nicht die Kraft, es noch einmal auf mich zu nehmen.«

In der Nacht des 21. April verschied die Künstlerin im Schenley Hotel, das heute zum Campus der University of Pittsburgh gehört. Ihre letzten Worte waren: »Wir fahren gleich ab. An die Arbeit, an die Arbeit. Abreisen, schaffen, deckt mich zu.«

Als die Todesnachricht Rilke in Muzot erreichte, konnte er nicht umhin, sogleich in einem Brief vom 24. April an die Herzogin Gallarati-Scotti seiner Bestürzung Ausdruck zu geben: »Eleonora Duse ist tot, fern von uns ist sie gestorben in einem fremden Land, man möchte fast sagen, in einer fremden Welt. Welch eine Trauer. Bei diesem unermeßlichen Verlust werden wir von dem gleichen und vielfältigen Schmerz überwältigt, in Ihnen sowohl wie in mir vereinen sich so viele persönliche Erinnerungen in dem Bewußtsein von dem, was die Kunst und die Menschheit mit ihr verloren haben. Hundert Einzelheiten jener venezianischen Tage, die ich damals, in fast täglicher Vertraulichkeit mit ihr verbrachte, stürmen auf mich ein und ebenso viele einfältige und zarte Klagen. Aber ich bemühe mich, mich an das zu halten, was endgültig war: an jene Augenblicke der erhabenen Künstlerin, in denen aus ihrer Niedergeschlagenheit, aus ihrer Krankheit und selbst aus der Entsagung bisweilen eine jähe und gleichsam monumentale Größe hervorging.«[96]

Am selben Tage gingen auch die Gedanken der Herzogin zu Rilke, so daß ihre Briefe sich kreuzten im Andenken an die Künstlerin und Freundin: »Sie besaß in einmaliger Weise all den göttlichen Abglanz, den die Natur den Sterblichen bewilligt; die Welt aber erschien ihr dann so schwer, und ihre Seele schien einen solch großen Durst nach der Unendlichkeit zu haben. Ich habe einmal mit ihr über Sie

*»Gott weiß, ob jemand, der ihrem Herzen nahe
stand, bei ihr war.« Das Schenley Hotel in Pittsburgh,
in dem die Duse starb.*

gesprochen. Fast ein Jahr ist es her. Ich sehe noch immer ihren gütigen Gesichtsausdruck vor mir, der ein Sich-Erinnern an für immer vergangene Ereignisse aussprach. Sie machte den Eindruck, in einer von ihrem Dasein und dieser Welt abgelösten Atmosphäre zu leben.«

Am 25. April schrieb Rilke, ebenfalls in französischer Sprache, auch an die Freundin Nanny Wunderly-Volkart in Meilen am Zürichsee von seiner Trauer: »Der Tod der Duse! und dazu in Amerika, in Pittsburgh, in einem fremden Land, nein, man müßte sagen in einer andern Welt, die, die es so liebte, durch ihre Umgebung getragen zu werden, sie mußte in Amerika sterben, in einem Hotel [...]. Gott weiß, ob jemand, der ihrem Herzen nahe stand, bei ihr war.«[97]

Der Tod der Duse erschütterte aber auch Baron Philipp Schey, der zehn Jahre zuvor auf Rilkes Bitte wegen finanzieller Unterstützung für ein nur für die Duse bestimmtes Theater negativ reagiert hatte. Durch ihr Ableben nun an diese Korrespondenz erinnert, beschloß von Schey, sie zu publizieren, falls Rilke einverstanden sein sollte. Dieser jedoch verhielt sich ablehnend, wie er am 17. Mai an von Schey schrieb: »Der Tod der Duse (in Amerika!) hat in mir unzählige Erinnerungen an jene venezianischen Tage bewegt, in denen sie damals die Mitte meiner Erscheinungen ausmachte, und indem ich diesen Spuren in Gefühl und Gedächtnis nachging, kam ich bis an die Briefe des Jahres Vierzehn, die Sie mir nun unvermutet vorlegen. Ich habe sie sofort durchgesehen [...]. Was nun, mein lieber Freund, Ihren Vorschlag angeht, diese Schriftlichkeiten an den Tag zu geben, so merke ich in mir einen dreifachen Widerstand; erst einen ganz allgemeiner Art. es ist mir immer mehr Bedürfnis, in der Öffentlichkeit nur dort vorzukommen, wo mein Name unvermeidlich an meine Arbeit gebunden erscheint [...]. Ich staune, daß ich, vor zehn Jahren, nicht fähiger

*Rainer Maria Rilke 1916 und 1925. »Ein
schrecklicher Tod, von einem Schicksal gewollt, dem
es gefiel, bis zum Ende den Druck nicht zu lockern,
unter dem sie schon damals vor fast fünfzehn Jahren,
als ich sie in Venedig kannte, gelitten hat.«*

war, mich einfach und präzise auszudrücken [...]. Es scheint mir ferner, als ob diese Briefe, nur jetzt zum Gedächtnis von Eleonora Duse ein kleines beizutragen, nicht genug ihre unvergeßliche Gestalt erkennen ließen.«[98]

Während seines Pariser Aufenthalts im Jahre 1925 sprach Rilke auch mit seinem französischen Übersetzer Maurice Betz über das traurige Ende der Duse: »Man muß Eleonora Duse gekannt haben, ihre Empfindlichkeit in den geringsten Dingen des Lebens; man muß wissen, bis zu welchem Grade sie Furcht vor Abreisen hatte, vor langen Tourneen, vor Ländern, die nicht der Spiegel ihrer Seele waren, oder sogar bloß vor Fremden, um zu ahnen, was sie gelitten haben muß, als sie in einer gleichgültigen Stadt jenes Erdteils starb, den sie verabscheute. [...] Schließlich mußte sie in dem Zimmer eines unbekannten Hotels sterben, wie entsetzlich für sie, und welcher Vorwurf für die, die sie geliebt haben und dies nicht verhindern konnten! Ein schrecklicher Tod, von einem Schicksal gewollt, dem es gefiel, bis zum Ende den Druck nicht zu lockern, unter dem sie schon damals, vor fast fünfzehn Jahren, als ich sie in Venedig kannte, gelitten hat. Ja, Eleonora Duse hat ihren, ihren eigenen Tod gehabt.«[99]

Ein Jahr später, im Mai 1926, tauchte der Name Duse wieder in Rilkes Korrespondenz auf. Durch Frau Lalli Horstmann, geborene von Schwabach, hatte er die deutsche Ausgabe des von Bianca Segantini und Francesco von Mendelssohn herausgegebenen Buches über Eleonora Duse[100] erhalten: es enthielt Fotografien, die in Rilke Erinnerungen an Venedig wachriefen. So schrieb er an Frau Horstmann unter dem Eindruck dieses Gedenkbuches: »Sie können sich denken, was es in mir bewegt hat, Blatt für Blatt umzuschlagen. Von den Bildern, die ich nicht kannte, ist mir das auf Seite 86 das wunderbarste.[101] Das große Bildnis, das die 139te

Seite einnimmt, erinnert mir am besten jene Unvergeßliche und Unbeschreibliche, wie sie in den venezianischen Tagen unseres Umganges, von Verwandlung zu Verwandlung, sich plötzlich zusammennehmen konnte.«[102]

Die beiden Herausgeber hatten in ihrem Erinnerungsbuch eine Anzahl von Rezensionen, Artikeln und vor allem Huldigungen der Schauspielerin aus dem In- und Ausland zusammengetragen, unter denen auch Rilkes Gedicht »Bildnis« nicht fehlte. Wie aber aus seinem Brief hervorgeht, war er mit der Wahl der Herausgeber nicht ganz einverstanden: »Francesco von Mendelssohn hat da ein Diktat reinster Pietät in würdiger Form verwirklicht, ich danke es ihm sehr, daß er mich in dieses Gedächtnis einbezogen hat; wie schade, daß nur dieses ältere Gedicht ihm zur Verfügung war, nicht irgend eine Briefstelle aus den Tagen meiner persönlichen Beziehung zu Eleonora Duse: so gültig das Gedicht sich an ihrer Gestalt versucht haben mag, ich kann mir nicht vorstellen, daß ich mich später nicht noch vollkommener sollte erwiesen haben im Aussprechen meiner Ergriffenheit und Bewunderung.«[103]

Einen Monat später – also ein halbes Jahr vor seinem Tode – äußerte sich Rilke noch einmal zu den Bildern, die ihn nunmehr, vielleicht geprägt durch die Gewißheit des bevorstehenden Endes, im Tiefsten erschütterten: »Sie sind so unerhört trostlos, die Meisten, daß man fast zögert zuzugeben, daß sie der Öffentlichkeit ausgesetzt werden mußten. Daß sich dieses so mit der eigenen Noth und Mühsal erfüllte großartige Angesicht noch bis zuletzt ausstellen mußte unter dem Vorwand des Spiels, und auch noch in Amerika...«[104]

Noch ein anderes Buch über die Duse hatte auf Rilke Eindruck gemacht. Augenscheinlich hatte er lange warten müssen, um das 1925 in Paris erschienene Werk des mit der

Schauspielerin befreundeten Autors Edouard Schneider zu bekommen. Zwei Monate vor seinem Tode übersandte er es mit einem französischen Begleitbrief an Jeanne de Sépibus in Sierre: »Edouard Schneiders seit langem erwartetes Buch ist mir endlich zugegangen: ich hätte es gern, wenn Sie es in Ihre Bücher einreihen würden.«[105]

Während der Heimkehr nach Italien auf dem italienischen Kreuzer Duilio wurden der Schauspielerin höchste Ehren zuteil.[106] In Rom hatte man über dem Torbogen der Kirche Santa Maria degli Angeli in großen Lettern die Worte angebracht: »Friede in Gott dem ruhelosen Sehnen der Eleonora Duse erflehen in der Stunde der Rückkehr von ihrer letzten Pilgerfahrt Rom und die Mutter Italien.«[107]

Ihre endgültige Ruhestätte fand Eleonora Duse in Asolo, jenem kleinen, unweit von Vicenza gelegenen Gebirgsort, wo sie sich vor Jahren in das ihr gehörende Haus zurückgezogen hatte. Nun war ihr Wunsch in Erfüllung gegangen: »Ich will in Asolo ruhen, zwischen dem Montello und dem Monte Grappa, und über meinem Grab soll geschrieben stehen:

Begnadet Verzweifelnd Vertrauend.«[108]

Bewegt von diesen drei Worten nach der Lektüre von Olga Signorellis Biographie der Duse, schrieb der Dichter Gottfried Benn (1886-1956) am 21. Dezember 1941 an seinen Freund Friedrich Wilhelm Oelze: »Aus einer Anmut ohne jeden Vergleich stieg sie auf, sah nach nichts aus, nicht hübsch, keine gute Figur, fast immer tief verschuldet und krank, und als das Schiff, das ihre Leiche im Frühjahr 1924 aus USA zurückbrachte, durch Gibraltar fuhr, flaggten die Schiffe aller Nationen Halbmast und in Genua empfing den Sarg die Königin. Seltsam!«[109]

Drei Tage später kam Benn noch einmal auf dasselbe Thema zu sprechen, das ihn augenscheinlich sehr berührte: »Und was die Duse angeht, so unterließ ich den Abschnitt zu beenden, ich hätte fortfahren müssen, daß offenbar das einzige Phänomen, das die Völker unaufhörlich beschäftigt, erfüllt, qualvoll bestürmt, die Kunst ist, sie allein.«

Signorellis Buch hat einen so starken Eindruck auf Gottfried Benn gemacht, daß er der Duse eine Strophe in dem Gedicht »Ach, das ferne Land« widmete:

> ach, das ferne Land
> wo vom Schimmer der Seen
> die Hügel warm sind,
> zum Beispiel Asolo, wo die Duse ruht,
> von Pittsburgh trug sie der Duilio heim,
> alle Kriegsschiffe, auch die englischen,
> flaggten halbmast,
> als er Gibraltar passierte.[110]

Zweieinhalb Jahre nach dem Tod der Duse, am 29. Dezember 1926, starb Rainer Maria Rilke im Sanatorium Val-Mont in der Schweiz. Auch er hatte sich einen Bergfriedhof als letzte Ruhestätte gewünscht: in Raron, nicht weit von Sierre, auf der Anhöhe, im Schutz der Mauer der mittelalterlichen kleinen Kirche, wollte er begraben sein. Seinem Wunsch gemäß sind auf dem Grabstein französischen Ursprungs mit dem Familienwappen der Name und die Verszeilen zu lesen:

> Rose, oh reiner Widerspruch, Lust
> Niemandes Schlaf zu sein unter soviel
> Lidern.

Der Sarg mit dem Leichnam der Duse wird auf den italienischen Kreuzer »Duilio« gebracht

Das Grab der Duse in Asolo mit der Inschrift:
»Begnadet Verzweifelnd Vertrauend«

Die vorliegende Dokumentation stellt eine wesentlich erweiterte und überarbeitete Fassung eines erstmals in der Zeitschrift *Philobiblon*, Jg. 32, Heft 4 (Dezember 1988) erschienenen Artikels über die Beziehung des deutschen Dichters zur italienischen Schauspielerin dar. Dem Herausgeber des *Philobiblon*, Herrn Dr. Reimar W. Fuchs in Stuttgart, danke ich an dieser Stelle vielmals für die freundliche Genehmigung zum Abdruck ausgewählter Teile im Rahmen dieser Arbeit.

Auf die Bedeutung des Erlebnisses der Duse in Leben und Werk Rainer Maria Rilkes hat erstmals Helmut Wocke in seiner Studie *Rilke und Italien* (Gießen, 1940) hingewiesen. Die erste größere Untersuchung über Rilkes Beziehung zu Eleonora Duse hat Walther Rehm in der Zeitschrift *Symposium*, Jg. 4 (1955), S. 351-366 veröffentlicht. Rehm befaßt sich vor allem mit einer Interpretation des Gedichts »Bildnis« *(Der Neuen Gedichte anderer Teil)* sowie der Erscheinung der Duse in Rilkes Prosawerk *Die Aufzeichnungen des Malte Laurids Brigge*.

In der vorliegenden Arbeit wurde der Versuch unternommen, nach einer Übersicht über zeitgenössische Stimmen zum Thema Eleonora Duse in streng chronologischer Folge Rilkes langsame Annäherung an die Künstlerin nachzuzeichnen, eine Beziehung, die im Sommer 1912 in Venedig ihren Höhepunkt erreichte. Dabei wurde vor allem Rilkes Briefwechsel mit Karl von der Heydt, Anton Kippenberg, Helene von Nostitz, Baron Philipp Schey, Fürstin Marie von Thurn und Taxis sowie Nanny Wunderly-Volkart herangezogen. Besondere Beachtung wurde Rilkes Bemühungen um die Rückkehr der Duse auf die Bühne sowie die Errichtung eines ihr gewidmeten Theaters geschenkt.

Sofern aus fremdsprachigen Quellen zitiert wird, handelt es sich bei den jeweiligen deutschen Übertragungen aus dem Englischen und Französischen – falls nichts anderes vermerkt ist – um meine eigenen. Auf eine Wiedergabe der im Druck erschienenen Originaltexte wurde in den Anmerkungen absichtlich verzichtet. Bisher unveröffentlichte, im Text in meiner Übersetzung abgedruckte Briefe der Duse an Rilke dagegen sind im französischen Original in den Anmerkungen zu finden. Diese sechs Briefe sowie ein nach ihrer Abreise von Venedig aus München abgesandtes Telegramm werden heute im Rilke-Archiv in Gernsbach aufbewahrt. Für die freundliche Genehmigung zur Erstveröffentlichung dieser Korrespondenz möchte ich Frau Hella und Herrn Christoph Sieber-Rilke in Gernsbach danken.

Außer den im Anmerkungsteil aufgeführten Briefausgaben und ausgewählten, von mir benutzten Werken aus der Sekundärliteratur über Rilke und die Duse hat mir bei der Vorbereitung dieser Arbeit vor allem das grundlegende Werk von Ingeborg Schnack, *Rainer Maria Rilke: Chronik seines Lebens und seines Werkes* (Frankfurt, 1975, Insel Taschenbuch Nr. 1264, 1990) geholfen, das sich als unentbehrlicher Wegweiser erwiesen hat. Frau Dr. Ingeborg Schnack in Marburg hat auch diese Arbeit von Anfang an mit ihrem Rat und zahlreichen Auskünften begleitet, für die ich ihr an dieser Stelle meinen aufrichtigen Dank ausspreche.

Für wichtige Hinweise und Anregungen vielfacher Art bin ich Herrn Ulrich Kocher in Reutlingen zu Dank verpflichtet.

Schließlich möchte ich die Hilfsbereitschaft der Bibliothekare des Duse-Museums in Asolo, der Fondazione »Il Vittoriale degli italiani« in Gardone, des Deutschen Literaturarchivs in Marbach am Neckar, des Theatermuseums in München sowie der Zentralbibliothek in Zürich dankbar erwähnen, die mir in großzügiger Weise Material zur Verfügung gestellt haben.

ANMERKUNGEN

Eleonora Duse im Urteil der Kritik

1 William Weaver, *Duse. A Biography* (London, 1984), S. 89.

2 Gerhart Hauptmann, *Tagebuch 1892-1894*. Hrsg. von Martin Machatzke (Berlin, Frankfurt, Wien 1985), S. 72.

3 Hermann Bahr, *Eleonora Duse: Führer durch das Gastspiel von Eleonora Duse* (Wien, 1892), S. 3.

4 George Bernard Shaw, Eleonora Duse. Zitiert in William Weaver, a.a.O., S. 125, S. 130, S. 134.

5 Alfred Kerr, *Gesammelte Schriften*. Bd. 5 (Berlin, 1917), S. 263.

6 Hugo von Hofmannsthal, Die Duse im Jahre 1903. In: *Gesammelte Werke: Prosa II* (Frankfurt, 1956), S. 49, S. 51.

7 Thomas Mann, *Gesammelte Werke*. Bd. 8 (Frankfurt, 1960), S. 662-663.

8 Helene von Nostitz, *Aus dem alten Europa* (Berlin, 1933), S. 150.

9 Eva Le Gallienne, *The Mystic in the Theater Eleonora Duse* (Toronto, 1966) S. 155-156.

10 Zitiert in Olga Resnevic-Signorelli, *Eleonora Duse: Leben und Leiden der großen Schauspielerin* (Berlin, o. J.), S. 32.

11 Zitiert in Gusti Adler,... *aber vergessen Sie nicht die chinesischen Nachtigallen: Erinnerungen an Max Reinhardt* (München, Wien, 1980), S. 27.

Erste Erfolge der Duse als Schauspielerin

12 In seinem Roman *Feuer* läßt d'Annunzio die der Duse nachgebildete weibliche Hauptgestalt, Foscarina, von ihrem Erfolg in Verona berichten: »An einem Sonntag im Mai, in der ungeheuren Arena, in dem alten Amphitheater, unter freiem Himmel, vor einer Volksmenge, die der Geschichte der Liebe und des Todes atemlos gelauscht hatte, war ich Julia selbst [...]. Als ich auf Romeos Leiche niedersank, brach die Menge in der Dunkelheit in so gewaltiges Beifallbrüllen aus, daß ich erschrak.« (*Feuer*. München o. J.), S. 318.

13 Zitiert in Resnevic-Signorelli, a.a.O., S. 41-42.

14 Zitiert in Maria Gazzetti, *Gabriele d'Annunzio* (Reinbek, 1989), S. 63-64.

15 Zitiert in Olga Signorelli, *Das Vermächtnis der Duse* (Herrenalb, 1962), S. 196.

»Die weiße Fürstin« (1898)

16 Über »Die weiße Fürstin« vgl. die Rilke-Biographie von Donald A. Prater: »Das Versdrama… wirft ein beinahe mystisches Licht auf die Probleme von Liebe und Tod: ein plötzlicher Ausbruch der Pest im Italien des 16. Jahrhunderts erfüllt die Fürstin mit Schrecken, als sie auf den Geliebten wartet, für den sie sich in Jahren unglücklicher Ehe seelisch unberührt erhalten hat. Als die schwarzvermummten Barmherzigen Brüder nahen und das letzte Sakrament austeilen, fährt das Boot des Geliebten weiter ohne ihr Zeichen.« *Ein klingendes Glas: Das Leben Rainer Maria Rilkes* (München, 1986), S. 97.

17 Vgl. Erstdruck in der in Berlin erschienenen Zeitschrift *Pan*, Jg. 5, Heft 4 (1899), S. 199-203. Erste Buchveröffentlichung in Rainer Maria Rilke, *Die Frühen Gedichte* (Leipzig, 1909), S. 103-139.

18 Rainer Maria Rilke, *Gesammelte Briefe in sechs Bänden*, Bd. 6. Hrsg. von Ruth Sieber-Rilke und Carl Sieber (Leipzig, 1936), S. 57.

19 Rainer Maria Rilke, *Tagebücher aus der Frühzeit*. Hrsg. von Ruth Sieber-Rilke und Carl Sieber (Leipzig, 1942), S. 81.

20 Vgl. Kurt Klinger, Eleonora Duse und Österreich. In: *Maske und Kothurn*, Jg. 5, Heft 4 (1959), S. 336-338.

Rilkes Hoffnung auf eine Begegnung mit der Duse (1905-1906)

21 Rilkes Dramen und szenische Versuche aus der Frühzeit: *Im Frühfrost* (1895), *Jetzt und in der Stunde unseres Absterbens* (1896),

Mütterchen (1896/97), *Höhenluft* (1897), und *Ohne Gegenwart* (1897).

22 Zu der für September 1902 von Martin Zickel geplanten Berliner Aufführung ist es wegen Erkrankung der Hauptdarstellerin nicht gekommen. Von Maurice Regnaut ins Französische übersetzt, gelangte das Stück zum ersten Mal Ende 1986 im Théâtre de l'Escalier in Paris zur Aufführung. Die Inszenierung besorgte der Bühnenbildner Yannis Kokkos, die Hauptrolle wurde von Edith Scob gespielt. Nach Ansicht der Kritikerin Beatrice Schaffhauser war es Kokkos zwar gelungen, durch das Bühnenbild die »dekadent-seltsame Atmosphäre« zu evozieren, doch waren die Schauspielerinnen den Anforderungen des Stückes nicht gewachsen. Mit den Worten »Rilke bleibt unendlich fern« endet die Rezension. Vgl. *Die Welt*, Nr. 18 (22. Januar 1987).

23 Zitiert in Ingeborg Schnack, *Rainer Maria Rilke. Chronik seines Lebens und seines Werkes*, Bd. 1 (Frankfurt, 1975), S. 203.

24 Rainer Maria Rilke, *Briefe 1902-1906*. Hrsg. von Ruth Sieber-Rilke und Carl Sieber (Leipzig, 1939), S. 277.

25 In diesen Berliner Tagen sah Rilke die Duse auch in der Rolle der Gioconda in dem gleichnamigen Drama von Gabriele d'Annunzio.

26 Rainer Maria Rilke, *Die Briefe an Karl und Elisabeth von der Heydt 1905-1922*. Hrsg. von Ingeborg Schnack und Renate Scharffenberg (Frankfurt, 1986), S. 96-97.

Rilkes Gedicht »Bildnis« (1907)

27 Rainer Maria Rilke, Rodin. Erster Teil. 1902. In: *Sämtliche Werke*, Bd. 5. Besorgt durch Ernst Zinn (Frankfurt, 1965), S. 162-163.

28 Walther Rehm, Rilke und die Duse. In: *Begegnungen und Probleme* (Bern, 1957), S. 353-354.

29 Lion Feuchtwanger, Die Duse. In: *Der Spiegel*, Nr. 13 (10. Oktober 1908), S. 449-451.

30 Vgl. Ingeborg Schnack, *Chronik*. Bd. 1, a.a.O., S. 309.

»Die Aufzeichnungen des Malte Laurids Brigge« (1904-1910)

31 Bettina Brentano (1785-1859), verheiratet mit Achim von Arnim, Schwester von Clemens Brentano. Rilke beschäftigte sich intensiv mit ihrem Werk *Goethes Briefwechsel mit einem Kinde.*

32 Die französische Dichterin Louize Labé (1525-1566) schrieb vierundzwanzig Sonette im Stil von Petrarca.

33 Die italienische Dichterin Gaspara Stampa (1523-1554) hatte eine unglückliche Liebe zu dem Grafen Collatino di Collalto, der sie nach drei Jahren verließ.

34 Gemeint sind die Briefe der portugiesischen Nonne Marianna Alcoforado (1640-1723), die eine Liebesbeziehung zu einem Grafen von Chamilly gehabt hatte.

35 Rainer Maria Rilke, Die Aufzeichnungen des Malte Laurids Brigge. In: *Sämtliche Werke*, Bd. 6, a.a.O. Dies und die folgenden »Malte«-Zitate zwischen S. 921 und 924.

36 Rudolf Kassner, Rainer Maria Rilke zu seinem 60. Geburtstag am 4. Dezember 1935. In: *Buch der Erinnerung* (Leipzig, 1938), S. 308-309.

Rilkes Begegnung mit der Duse (1912)

37 Rainer Maria Rilke, *Sämtliche Werke*. Bd. 1, a.a.O., S. 118.

38 Rainer Maria Rilke, *Briefe an Sidonie Nádherný von Borutin*. Hrsg. von Bernhard Blume (Frankfurt, 1973), S. 49, S. 53.

39 Rainer Maria Rilke, *Sämtliche Werke*. Bd. 1, a.a.O., S. 610-611.

40 Die Legende von Frater Egidio und dem Heiligen Ludwig findet sich in der Sammlung *Die Blümlein des Heiligen Franziskus von Assisi*, Kapitel 34. Es handelt sich um eine Übersetzung der dem mittelalterlichen Schriftsteller Domenico Cavalca (1270-1342) zugeschriebenen Legenden um den Heiligen, *I fioretti di San Francesco.*

41 Zitiert in Ingeborg Schnack, *Chronik*. Bd. 1, a.a.O., S. 406 (in französischer Sprache zitiert).

42 Zu diesem Zeitpunkt (1912) waren nur einige ausgewählte Gedichte Rilkes in französischer Übersetzung in dem Vortrag von Albert Dreyfus, *La Poésie allemande contemporaine* (Paris, 1909) erwähnt. (Vgl. Ingeborg Schnack, *Chronik*. Bd. 1, a.a.O., S. 336).

43 Ähnliches berichtete Rilke fast zwei Monate später in einem Brief an seinen Verleger Anton Kippenberg vom 31. August 1912: »Aber stellen Sie sich vor, was damals auf dem Spiele stand. E. D[use] wünschte mich zu sehen, es ging von *ihr* aus, ich hatte meinen großen Wunsch, ihr zu begegnen, durch fast zehn Jahre in mir erhalten, ohne (wie es mir in den größten Bedürfnissen immer mehr zum Gesetz wird) das geringste dafür zu unternehmen. So kam also auch dies, von selbst, ohne Gewalt, und hat mir viel Eindruck gemacht, viel an mir gebildet; denn wir haben uns fast jeden Tag gesehen, es war immer für mich gedeckt an ihrem Tisch, ich konnte kommen und bleiben, wie michs drängte.« *Briefe an seinen Verleger 1906-1926*. Bd. 1. Hrsg. von Ruth Sieber-Rilke und Carl Sieber (Wiesbaden, 1949), S. 175.

44 Rainer Maria Rilke und Helene von Nostitz, *Briefwechsel*. Hrsg. von Oswalt von Nostitz (Frankfurt, 1976), S. 35.

45 Ebenda, S. 36.

46 Rainer Maria Rilke und Marie von Thurn und Taxis, *Briefwechsel*. Bd. 1. Besorgt durch Ernst Zinn (Zürich, 1951), S. 170, S. 171.

47 Rainer Maria Rilke, *Briefe an Sidonie Nádherný*, a.a.O., S. 156.

48 Rainer Maria Rilke und Marie von Thurn und Taxis, a.a.O., S. 175-176; folgende Zitate S. 172-173, S. 177, S. 170, S. 170, S. 173, S. 173, S. 181 f.

49 Rilke litt zu dieser Zeit stark unter der soeben erfolgten Trennung von der Pianistin Magda von Hattingberg (»Benvenuta«).

50 Fronton ist der Giebel über dem Haupteingang eines Tempels.

51 Katharina Kippenberg, *Rainer Maria Rilke* (Leipzig, 1942), S. 192-193.

52 Rainer Maria Rilke und Marie von Thurn und Taxis, a.a.O., S. 177-178; folgende Zitate S. 182, S. 183, S. 183, S. 185.

53 Siebzehn Jahre später, im Januar 1929, äußerte sich Hugo von Hofmannsthal zu Rilkes Problemen in dieser Situation, nachdem ihm die Fürstin Marie von Thurn und Taxis die mit ihrem Kommentar versehene Sammlung ihrer Rilkebriefe zur Lektüre überlassen hatte: »Ihr Buch aber gibt in einer Art, wofür ich kein zweites Beispiel weiß... das Leben dieses Menschen – und gerade dadurch gibt es das, daß es ihn in allen Momenten zeigt, in furchtbar traurigen... und wieder in solchen fast komischen Situationen, wie die Begegnung mit der Duse – wobei es wirklich etwas Bezauberndes hat, wie er ganz in der Situation und das Opfer der Situation ist, und zugleich so *nahe* daran, über die Komik dieser Dinge mitzulächeln.«
Rainer Maria Rilke und Marie von Thurn und Taxis. Bd. 2, a.a.O., S. 965.

54 Ein vermutlich aus dem Hochsommer 1912 stammender undatierter Brief der Duse an Rilke spielt auf die damals entstandenen Meinungsverschiedenheiten zwischen der Schauspielerin und ihrer Freundin Cordula Poletti an, die Rilke vergebens zu schlichten gesucht hatte: »An Rainer Maria Rilke/Dank, nochmals Dank! Ich beginne, sehr in Ihrer Schuld/zu sein. Nochmals Dank! Wo mag sie sein? Ich bin sicher/sie quält sich in ihrer Einsamkeit, fern von einer schönen/Wahrheit/Ich denke an ihre Mutter. Beiden möchte ich so gern/mein Herz geben. Doch wie soll ich das anfangen? Wenn/sie heimkehrt um $9^1/_2$ sende ich Ihnen ein Wort.   E. D.«
Zitiert bei Olga Signorelli, *Eleonora Duse: Werden. Leiden. Vollenden.* Erste vollständige Übertragung von Hans Kühner. (Zürich, 1947), S. 385.

55 Rainer Maria Rilke und Marie von Thurn und Taxis, a.a.O., S. 185-186; folgende Zitate S. 186, S. 189.

56 Vgl. Maurice Betz, *Rilke in Frankreich* (Wien, 1938), S. 169-170.

57 Marie von Thurn und Taxis, *Erinnerungen an Rainer Maria Rilke* (München, 1937), S. 55.

58 Vgl. Maurice Betz, a.a.O., S. 170.

59 Rainer Maria Rilke und Marie von Thurn und Taxis, a.a.O., S. 188.

60 Rilke, *Briefwechsel mit Benvenuta* (Esslingen, 1954), S. 77.

61 Editha Klipstein an Ilse Erdmann (München, etwa 24. VII. 1915). In: Rainer Maria Rilke, *Briefwechsel mit Regina Ullmann und Ellen Delp.* Hrsg. von Walter Simon (Frankfurt, 1987), S. 36.

62 Vgl. ebenda, S. 35-36.

63 Die Mitteilungen der Duse an Rilke befinden sich im Rilke-Archiv in Gernsbach. Sie werden hier orthographisch unverändert abgedruckt: Venedig Grand Hotel Britannia/ -Merci-/A onze heures ce matin, je ne serai pas/libre. Mais, *demain à* onze heures/si vous pouvez. Je l'espère. El. Duse/merci.

64 Grand Hotel Britannia/urgente/Lundi matin/Aujourd'hui à 5 h (si vous pouvez)/Madame Poletti e moi nous viendrons/vous chercher pour aller à S. Rosa/Une heure de paix! E. D./à Vous de cœur. (Rilke-Archiv Gernsbach).

65 Si Vous êtes libre/*Demain*/à 4 heures/je viendrai Vous/ chercher avec ma/gondole/pour aller/à Santa Rosa/A demain/merci/Eleonora Duse/Vendredi. (Rilke-Archiv Gernsbach).

66 Hélas/Je n'ai pas répondu à votre lettre, car-/une amie est arrivée de Berlin/Et journées sans silence/.Aujourd'hui arrive *Moissi*/l'acteur/Italien-allemand/Dites-le à Placci-/Lui il sait ce qu'il s'agit/Dites (je vous prie) à Placci que je/l'attends à $4^1/_2$ comme vous/m'écrivez-/et si *Moissi* sera là tant mieux. Placci/le connaître, car, pour lui, connaître/c'est vivre/J'espère/aller/avec vous/S^a Rosa/après cet/journée E. D. (Rilke-Archiv Gernsbach).

67 Prière di tel si possible/aller *demain* voir l'appartement. A quelle heure? Avec Vous? E. D. (Rilke-Archiv Gernsbach).

68 De la maison/ ... qu'elle soit/Bonne/e/Benie/nous viendrons

*ce soir/chez vous/*à 6 heures/Merci/Eleonora Duse. (Rilke-Archiv Gernsbach).

69 Pardon pas d'envelopes! Merci, les belles roses/Maison pos-
sible/mais *la rue/Des Zattere* hélas sans silence/sans hirondel-
les/»en haut«/aujourd'hui pas possible/aller nulle part/Bonne
Espérance/E. D. (Rilke-Archiv Gernsbach).

70 Ai pu quitter Venise seulement hier à 6 heures après vous
avoir écrit. Aurait tant voulu reclamer mon heure fixee avec
vous mais fatigue des details nieu [sic] de courage de vous
appeller encore. Bon salut bon souhait. Donnez vos nouvel-
les Tegernsee demain. Eleonora Duse. (Rilke-Archiv Gernsbach).

Rilkes Bemühungen für die Duse (1913-1914)

71 Olga Signorelli, *Eleonora Duse: Werden. Leiden. Vollenden,* a.a.O.,
S. 384.

72 Ebenda, S. 384.

73 Vgl. die Schilderung dieses Vorfalls bei Olga Signorelli,
a.a.O., S. 7: »Zwei Tage später wurde sie in der Kirche San
Ambrogio getauft, und nach dem damals noch in manchen
Gegenden der Lombardei und Venetiens üblichen Brauch
trug man sie in einer Art von vergoldetem Schrein mit gläsernen Wänden, ähnlich der Wiege des Jesuskindes, zum
Taufbecken. Auf dem Wege erwiesen ihr einige österreichi-
sche Soldaten, im Glauben, der Wunderschrein enthalte irgendeine heilige Reliquie, mit feierlichem Ernst den Waf-
fengruß. Dieser Vorfall machte auf die Anwesenden und vor
allem auf den Vater... einen tiefen Eindruck. Nach der
Rückkehr aus der Kirche... sagte er zu seiner Frau: ›kein
Geschenk bring ich dir, aber eine Verheißung für die Zukunft. Unsere Kleine wird eines Tages jemand sein. Man hat
schon vor ihr präsentiert.‹«

74 R. M. Rilke/Helene von Nostitz, a.a.O., S. 56 (Brief vom
4. November 1913); folgende Zitate S. 56, S. 57.

75 Das 1448 entstandene Mysterienspiel besteht aus zwei Tei-

len: Arnoul Grébans »Passion de notre sauveur Jhésu Christ« und Simon Grébans »Le triumphant mystère des actes des apôtres«.

76 R. M. Rilke/Helene von Nostitz, a.a.O., S. 61; folgendes Zitat S. 64.

77 R. M. Rilke, *Gesammelte Briefe*, Bd. 3 (Kyoto, 1977), S. 347; folgende Zitate S. 347f., S. 348f., S. 349, S. 362.

78 Zitiert bei Ingeborg Schnack, *Chronik*, a.a.O., S. 467.

79 Vgl. Rainer Maria Rilke, *Die Briefe an Karl und Elisabeth von der Heydt*, a.a.O., S. 194-195.

80 Am Karfreitag des Jahres 1909 sah Rilke gemeinsam mit Karl von der Heydt im Pariser Théâtre Odéon das Mysterienspiel »Passion de notre sauveur Jhésu Christ«, das beide sehr beeindruckte.

81 Rilke/von der Heydt, a.a.O., S. 195; folgende Zitate ebenfalls.

82 Magda von Hattingberg, *Rilke und Benvenuta* (Wien, 1947), S. 234.

83 Gemeint ist Rilkes Werk »Das Marienleben«.

84 Als möglichen Übersetzer schlug Helene von Nostitz den jungen italienischen Dichter Carlo Marano vor, der zu dieser Zeit als Lektor im Leipziger Kurt Wolff-Verlag tätig war.

85 Rilke/von Nostitz, a.a.O., S. 82.

86 Rilke/Nádherný, a.a.O., S. 244.

87 Aus Muzot schrieb Rilke am 12. November 1925 an Nanny Wunderly-Volkart: »Von Rodin ist ein ziemliches Paket beisammen, ein kleineres mit sehr schönen Briefstellen von Verhaeren; drei haben sich von Mme de Noailles gefunden, herrlich geschrieben, wie prachtvolle schmiedeeiserne Gitter; einer, ein einziger nur, bis jetzt, von der Duse.
Rainer Maria Rilke, *Briefe an Nanny Wunderly-Volkart*, besorgt durch Rätus Luck, Bd. 2 (Frankfurt, 1977), S. 1074.

88 Rainer Maria Rilke und Lou Andreas-Salomé, *Briefwechsel*. Hrsg. von Ernst Pfeiffer (Frankfurt, 1975), S. 421-422.

89 Rilke/Wunderly-Volkart. Bd. 1, a.a.O., S. 256.

90 Edouard Schneider, *Eleonora Duse: Erinnerungen, Betrachtungen und Briefe* (Leipzig, 1927), S. 25.

91 Rainer Maria Rilke, *Lettres Milanaises 1921-1926*. Hrsg. von Renée Lang (Paris, 1956), S. 29; folgendes Zitat S. 36.

92 Zitiert in Resnevic-Signorelli, a.a.O., S. 170.

93 Zitiert in William Weaver, *Duse*, a.a.O., S. 357.

94 Im Syria Mosque Theater in Pittsburgh finden auch heute noch Theater- und Konzertveranstaltungen statt.

95 Marie Avogadros Bericht zitiert in Edouard Schneider, *Eleonora Duse*, a.a.O., S. 139; folgende Zitate S. 140, S. 141.

96 Rainer Maria Rilke, *Lettres Milanaises*, a.a.O., S. 61; folgendes Zitat S. 59 f.

97 Rilke/Wunderly-Volkart, Bd. 2, a.a.O., S. 997.

98 Zitiert bei Ingeborg Schnack, a.a.O., S. 922.

99 Maurice Betz, *Rilke in Frankreich*, a.a.O., S. 173-174.

100 *Eleonora Duse. Bildnisse und Worte.* Gesammelt, übersetzt und hrsg. von Bianca Segantini und Francesco von Mendelssohn (Berlin, 1926).

101 Das Bild zeigt Eleonora Duse im Profil mit weit geöffneten, traurig in die Ferne schauenden Augen, in der Rolle der Rebekka West in Ibsens Rosmersholm.

102 Rilke an Leonie Horstmann, Valmont, 25. Mai 1926. Unveröffentlicht, Auszug im Stargardt-Katalog Nr. 612 (1977).

103 Ebenda.

104 Rilke an Leonie Horstmann, Muzot, 19. Juni 1926. Unveröffentlicht, Auszug im Stargardt-Katalog Nr. 612 (1977).

105 Zitiert bei Ingeborg Schnack, *Chronik*, a.a.O., S. 1080. Dort lautet der Originaltext: »le livre d'Edouard Schneider attendu depuis longtemps, m'arrive enfin: j'aimerais... que vous le rangiez parmi vos livres.«

106 Vgl. Doris Maurer, *Eleonora Duse* (Hamburg, 1988), S. 136-137.

107 Zitiert in Olga Signorelli, a.a.O., S. 289.

108 Ebenda, S. 289.

109 Gottfried Benn, *Dichter über ihre Dichtungen.* Hrsg. von Edgar Lohner (Wiesbaden, 1951), S. 84; folgendes Zitat ebenso.
110 Gottfried Benn, *Gesammelte Werke.* Bd. 1 (Wiesbaden, 1960), S. 183.

BILDNACHWEIS

Bilderdienst, Süddeutscher Verlag, München: S. 13, 142

Deutsches Literaturarchiv, Marbach: S. 109, 136

Foto Marburg: S. 82

Gerardo Guerrieri, Eleonora Duse. Tra storia e leggenda. Edito in occasione della Mostra dedicata dall'Ente Festival di Asolo a Eleonora Duse. Roma, Palazzo Venezia, 6.6-6.7. 1985. Edizioni La Tipografia Asolana, Roma 1985: S. 4, 15, 29, 34, 38, 79, 98

Insel Verlag, Frankfurt am Main und Leipzig:. S. 40, 88, 89, 91, 129, 137

Ilsedore B. Jonas, München: S. 134, 143

Quaderni Dannunziani X-XI Fondazione »Il Vittoriale degli Italiani«, Roma 1955: S. 28; op. cit. XII-XIII, Roma 1958: S. 32

Olga Resnevic-Signorelli, Eleonora Duse. Leben und Leiden der großen Schauspielerin. Deutscher Verlag, Berlin 1939: S. 8, 17, 22, 23, 35, 39, 94

Auguste Rodin, Correspondence, Bd. 2, Paris o. J.: S. 75

Dr. Ingeborg Schnack, Marburg: S. 72

Olga Signorelli, Eleonora Duse. Werden. Leiden. Vollenden. Eugen Rentsch Verlag, Erlenbach-Zürich 1947: S. 33, 119, 124

Theatermuseum der Stadt München: S. 36

William Weaver, Duse. A Biography. Harcourt Brace Jovanovich, Publishers, San Diego, New York, London 1984: S. 20, 26, 27, 131

Rainer Maria Rilke
im Insel Verlag und im Suhrkamp Verlag

Sämtliche Werke. 6 Bände. Herausgegeben vom Rilke-Archiv. In Verbindung mit Ruth Sieber-Rilke besorgt durch Ernst Zinn. Leinen, Leder und insel taschenbücher 1101-1106

Band I: Erste Gedichte. Die frühen Gedichte. Die weiße Fürstin. Die Weise von Liebe und Tod des Cornets Christoph Rilke. Das Stundenbuch. Das Buch der Bilder. Neue Gedichte. Der Neuen Gedichte anderer Teil. Requiem. Das Marien-Leben. Duineser Elegien. Die Sonette an Orpheus. (it 1101)

Band II: Verstreute und nachgelassene Gedichte aus den Jahren 1906-1926. Gedichte in französischer Sprache. (it 1102)

Band III: Leben und Lieder (1894). Christus-Visionen (1896). Dir zur Feier (1898). Frühwerke in ursprünglicher Gestalt. Jugendgedichte aus dem Nachlaß (bis 1905). (it 1103)

Band IV: Frühe Erzählungen und Dramen (1893-1902). (it 1104)

Band V: Worpswede. Rodin. Besprechungen, Aufsätze und Betrachtungen (1893-1905). (it 1105)

Band VI: Malte Laurids Brigge. Kleine Schriften (1906-1926). ›Gedichte in Prosa‹ und Verwandtes. (it 1106)

Werke in drei Bänden. Eingeleitet von Beda Allemann. Leinen

Einzelausgaben

Am Leben hin. Novellen und Skizzen 1898. Mit Anmerkungen und einer Zeittafel. it 863

Die Aufzeichnungen des Malte Laurids Brigge. Leinen, BS 343 und it 630

Auguste Rodin. Mit 96 Abbildungen. it 766

Aus dem Nachlaß des Grafen C. W. Ein Gedichtkreis. Gebunden

Ausgesetzt auf den Bergen des Herzens. Gedichte aus den Jahren 1906 bis 1926. it 98

Ausgewählte Gedichte. Einschließlich der ›Duineser Elegien‹ und der ›Sonette an Orpheus‹. Auswahl und Nachwort von Erich Heller. BS 184

Der ausgewählten Gedichte erster Teil. Ausgewählt von Katharina Kippenberg. IB 400

Der ausgewählten Gedichte anderer Teil. Ausgewählt von Katharina Kippenberg. IB 480

Der Brief des jungen Arbeiters. Aus den kleinen Schriften 1906-1926. BS 372

56/1/5.91

Rainer Maria Rilke
im Insel Verlag und im Suhrkamp Verlag

Das Buch der Bilder. Des ersten Buches erster Teil. Des ersten Buches zweiter Teil. Des zweiten Buches erster Teil. Des zweiten Buches zweiter Teil. it 26

Bücher. Theater. Kunst. Aufsätze aus den Jahren 1896–1905. Herausgegeben von Richard von Mises. BS 1068

Die Dame mit dem Einhorn. Herausgegeben und mit einem Nachwort von Egon Olessak. Mit zwölf farbigen Abbildungen. IB 1001

Duineser Elegien. Gebunden

Duineser Elegien. Mit einem Essay von Peter Szondi. BS 468

Duineser Elegien. Die Sonette an Orpheus. it 80

Erste Gedichte. Larenopfer. Traumgekrönt. Advent. it 1090

Ewald Tragy. BS 537

Ewald Tragy. Mit einem Nachwort von Richard von Mises. it 1142

Das Florenzer Tagebuch. Herausgegeben von Ruth Sieber-Rilke und Carl Sieber. BS 791

Frühe Gedichte. it 878

Gedichte. Aus den Jahren 1902 bis 1917. Taschenbuchausgabe der 1931 als Privatdruck erschienenen Edition der Handschrift Rainer Maria Rilkes. Illustriert von Max Slevogt. it 701

Gedichte aus den späten Jahren. Zusammengestellt von Franz-Heinrich Hackel. it 1178

Die Gedichte in einem Band. Leinen

Geschichten vom lieben Gott. Gebunden

Geschichten vom lieben Gott. Illustrationen von E. R. Weiß. it 43

Geschichten vom lieben Gott. Illustrationen von E. R. Weiß. Großdruck. it 2313

Lektüre für Minuten. Gedanken aus seinen Büchern und Briefen. Herausgegeben von Ursula und Volker Michels. Pappband

Die Letzten. Im Gespräch. Der Liebende. it 935

Das Marien- Leben. IB 43

Neue Gedichte. Der Neuen Gedichte anderer Teil. it 49

Poèmes français. Mit einem Nachwort von Karl Krolow. Leinen

Rilke und Rußland. Briefe, Erinnerungen, Gedichte. Herausgegeben von Konstantin Asadowski. Aus dem Russischen von Ulrike Hirschberg. Leinen

Rilkes Landschaft. In Bildern von Regina Richter, zu Gedichten von Rainer Maria Rilke. Mit einem Nachwort von Siegfried Unseld. it 588

Schweizer Vortragsreise 1919. Herausgegeben von Rätus Luck. Leinen

Rainer Maria Rilke
im Insel Verlag und im Suhrkamp Verlag

Rainer Maria Rilke
im Insel Verlag und im Suhrkamp Verlag

Briefe an einen jungen Dichter. Mit einer Einleitung von Franz Xaver Kappus. IB 406 und BS 1022

Die Briefe an Gräfin Sizzo. 1921-1926. Herausgegeben von Ingeborg Schnack. Leinen und it 868

Briefe an Karl und Elisabeth von der Heydt 1905-1922. Herausgegeben von Ingeborg Schnack und Renate Scharffenberg. Leinen

Briefe an Schweizer Freunde. Herausgegeben von Rätus Luck. Leinen

Briefe an Sidonie Nádherný von Borutin. Herausgegeben von Bernhard Blume. Leinen

Briefe über Cézanne. Herausgegeben von Clara Rilke und mit einem Nachwort versehen von Heinrich Wiegand Petzet. Mit siebzehn farbigen Abbildungen. Leinen und it 672

Briefe zur Politik. Herausgegeben von Joachim W. Storck. Leinen

Briefwechsel mit Lou Andreas-Salomé. Herausgegeben von Ernst Pfeiffer. Leinen und it 1217

Briefwechsel mit den Brüdern Reinhart. Herausgegeben und mit einer Einleitung versehen von Rätus Luck, unter Mitarbeit von Hugo Sarbach. Leinen

Briefwechsel mit Anita Forrer 1920-1926. Herausgegeben von Magda Kerényi. Leinen

Briefwechsel mit Helene von Nostitz. Herausgegeben von Oswalt von Nostitz. Leinen

Briefwechsel mit Hugo von Hofmannsthal 1899-1925. Herausgegeben von Rudolf Hirsch und Ingeborg Schnack. Leinen

Briefwechsel mit Inga Junghanns. Herausgegeben von Wolfgang Herwig. Leinen

Briefwechsel mit Katharina Kippenberg. Mit acht Abbildungen und zwei Faksimiles. Leinen

Briefwechsel mit Marie von Thurn und Taxis. 2 Bde. Besorgt durch Ernst Zinn. Mit einem Geleitwort von Rudolf Kassner. Leinen

Briefwechsel mit Marina Zwetjewa und Boris Pasternak. Herausgegeben von Jewgenij Pasternak, Jelena Pasternak und Konstantin M. Asadowskij. Aus dem Russischen übertragen von Heddy Pross-Weerth. Leinen

Briefwechsel mit Regina Ullmann und Ellen Delp. Herausgegeben von Walter Simon. Leinen

Rainer Maria Rilke und Stefan Zweig in Briefen und Dokumenten. Herausgegeben von Donald A. Prater. Leinen

Rainer Maria Rilke
im Insel Verlag und im Suhrkamp Verlag

Übertragungen

André Gide: Die Rückkehr des verlorenen Sohnes. Übertragen aus dem Französischen von Rainer Maria Rilke. BS 591

Portugiesische Briefe. Die Briefe der Marianna Alcoforado. Übertragen von Rainer Maria Rilke. IB 74

Paul Valéry: Eupalinos oder Der Architekt. Eingeleitet durch »Die Seele und der Tanz«. Aus dem Französischen von Rainer Maria Rilke. Die Übertragung von Rainer Maria Rilke wurde durchgesehen und kommentiert von Karin Wais. BS 370

Paul Valéry: Gedichte. Französisch und deutsch. Übertragen von Rainer Maria Rilke. BS 992

Die vierundzwanzig Sonette der Louïze Labé. Lyoneserin 1555. Übertragen von Rainer Maria Rilke. IB 222

Zu Rainer Maria Rilke

Rilkes Leben und Werk im Bild. Bearbeitet von Ingeborg Schnack. Mit einem biographischen Essay von J. R. von Salis. Leinen und it 35

Rainer Maria Rilke. Chronik seines Lebens und seines Werkes. Zwei Bände. Von Ingeborg Schnack. it 1264

Rilkes ›Duineser Elegien‹. Drei Bände in Kassette. Herausgegeben von Ulrich Fülleborn und Manfred Engel. stm. st 2009-2011

Lou Andreas-Salomé: Rainer Maria Rilke. Mit acht Bildtafeln im Text. Herausgegeben von Ernst Pfeiffer. it 1044

Norbert Fuerst: Rilke in seiner Zeit. Kartoniert

Jean Gebser: Rilke und Spanien. BS 560

Insel-Almanach auf das Jahr 1986. Rilke und die bildende Kunst. Herausgegeben von Gottfried Boehm. Kartoniert

Anthony Stephens: Nacht, Mensch und Engel. Rainer Maria Rilkes Gedichte an die Nacht. Leinen

›Das Tagebuch‹ Goethes und Rilkes ›Sieben Gedichte‹. Erläutert von Siegfried Unseld. IB 1000

Fürstin Marie von Thurn und Taxis-Hohenlohe: Erinnerungen an Rainer Maria Rilke. Deutsche Ausgabe besorgt von Georg H. Blockesch. IB 888

56/5/5.91

Literatur der Moderne
im insel taschenbuch

Hans Christian Andersen: Spaziergang in der Sylvesternacht. Aus dem Dänischen von Anni Carlsson. Mit Zeichnungen von Gunter Böhmer. it 1130

Lou Andreas-Salomé: Lebensrückblick. Grundriß einiger Lebenserinnerungen. Aus dem Nachlaß herausgegeben von Ernst Pfeiffer. Neu durchgesehene Ausgabe mit einem Nachwort des Herausgebers. it 54

– Rainer Maria Rilke. Mit acht Bildtafeln im Text. Herausgegeben von Ernst Pfeiffer. it 1044

Emmy Ball-Hennings: Märchen am Kamin. it 945

Bertolt Brecht: Hauspostille. Mit Anleitungen, Gesangsnoten und einem Anhang. Radierungen von Christoph Meckel. it 617

Hans Carossa: Werke in Einzelausgaben. Zwölf Bände in Kassette. Die Werke sind auch einzeln lieferbar. it 1461-1472

    Band 1: Gedichte. Der alte Taschenspieler. it 1461

    Band 2: Die Schicksale Doktor Bürgers. Rumänisches Tagebuch. it 1462

    Band 3: Der Arzt Gion. it 1463

    Band 4: Geheimnisse des Lebens. it 1464

    Band 5: Führung und Geleit. it 1465

    Band 6: Aufzeichnungen aus Italien. it 1466

    Band 7: Eine Kindheit. it 1467

    Band 8: Verwandlungen einer Jugend. it 1468

    Band 9: Das Jahr der schönen Täuschungen. it 1469

    Band 10: Der Tag des jungen Arztes. it 1470

    Band 11: Ungleiche Welten. Lebensbericht. it 1471

    Band 12: Ein Tag im Spätsommer 1947. Erzählung. it 1472

Tankred Dorst: Grindkopf. Libretto für Schauspieler. Mitarbeit Ursula Ehler. Mit farbigen Zeichnungen von Roland Topor. it 929

– Korbes. Ein Drama. Mitarbeit Ursula Ehler. Mit farbigen Zeichnungen von Johannes Grützke. it 1114

– Der nackte Mann. Mitarbeit Ursula Ehler. Mit farbigen Zeichnungen von Johannes Grützke. it 857

Federico García Lorca: Die dramatischen Dichtungen. Deutsch von Enrique Beck. it 3

Hermann Hesse: Bäume. Betrachtungen und Gedichte. Mit Fotografien von Imme Techentin. Zusammenstellung der Texte von Volker Michels. it 455

– Franz von Assisi. Mit Fresken von Giotto und einem Essay von Fritz Wagner. it 1069

– Gedichte des Malers. Zehn Gedichte mit farbigen Zeichnungen. it 893

Literatur der Moderne
im insel taschenbuch

155/2/8.92

Literatur der Moderne
im insel taschenbuch

155/3/8.92

Literatur der Moderne
im insel taschenbuch

Kunst und Musik
im insel taschenbuch

Kunst und Musik
im insel taschenbuch

157/2/8.92

Kunst und Musik
im insel taschenbuch

157/3/8.92